# » Liebe Leserin, lieber Leser,

## *willkommen (zurück)!*

Vielleicht kennen wir uns schon von der »Landkarten-Rätselreise Deutschland«. Vielleicht haben wir aber auch das erste Mal das Vergnügen miteinander. Einmal mehr möchten wir einladen, mit uns in Landkarten zu schauen und darüber die Zeit zu vergessen. Tatsächlich kann Letzteres recht schnell passieren, denn in Karten – ganz gleich wie bekannt oder unbekannt der gezeigte Ausschnitt ist – lässt sich immer wieder Neues entdecken.

So bereisen wir die Welt, bequem vom Sofa aus: 44 Landkarten-Rätselreisen führen auf alle Kontinente. Auf Inseln und in einsame Regionen, in Lieblingsstädte und an Sehnsuchtsorte. Ob Europa oder Antarktis, ob Panamericana oder sibirische Taiga – das Buch wartet mit Geschichte und Geschichten auf.

Einmal eingetaucht, geht's in einem zweiten Schritt ans spielerische Erkunden der Orte und Regionen, man übt sich in der Kunst des Kartenlesens, knobelt an der einen oder anderen Rätselfrage und sammelt obendrein hier und da ein Quäntchen Reisewissen. Ganz nebenbei kommt die eigene Vorstellung und Fantasie in Schwung: Wie muss dieser Ort wohl einst ausgesehen haben? Und wie erleben ihn Menschen heute? Nicht zuletzt leben wir in einer Zeit rasanter Veränderungen; auch dies spiegelt sich im Buch wider. Und nun ... losblättern und lesen, hineindenken und lösen.

In diesem Sinne: Viel Freude beim Rätseln und bei den Augenreisen rund um den Globus

Nadine Ormo & Michael Laufersweiler

# 》Inhalt

# AFRIKA

# AMERIKA

# ANTARKTIS

# ANTWORTEN
Der Rätsel Lösungen

# SONSTIGES

#12

#13

#11

#14

#15

#10

#17

#26

#16

#18

#24

#19

#30

#32

#21

#20

#22

#23

# » Landkarten- rätselreise

*Jetzt geht's los!*

In 44 Augenreisen führen wir dich einmal rund um die Welt. Eine kurze Geschichte lässt dich eintauchen in die jeweilige Stadt oder Landschaft. Auf der darauffolgenden Doppelseite findest du einen Kartenausschnitt und eine Reihe von Fragen zur Karte. »Ankommen« kannst du mit den einfachsten dieser Rätsel. Um sie zu beantworten, genügt ein erster kurzer Blick in die Karte, oft werden Dinge ausgezählt. »Aufwärmen« heißt es mit den nächsten Fragen, bei denen man immer wieder mal eine Position in der Karte einnimmt, sich am besten in die Situation vor Ort hineinversetzt und so zur Lösung kommt. Geht's ans »Durchstarten«, so ist manchmal ein Um-die-Ecke-Denken gefragt, ein Achten auf Details im Text, oder es ist auch schon mal ein Lineal anzulegen.

**Die Lösungen findest du im hinteren Teil des Buches ab Seite 184.**

# 》 vollverkabelt

## Transatlantische Kommunikation auf den Azoren

Weit draußen vor dem europäischen Festland entwickelten sich an der Wende zum 20. Jahrhundert die Azoren zum Dreh- und Angelpunkt transatlantischer Kommunikation. 1500 Kilometer nach Osten sind es bis nach Europa, 3500 Kilometer nach Westen bis nach Amerika – und genau dieser geografischen Lage hat die portugiesische Inselgruppe jenen Lauf der Geschichte zu verdanken: Seit Samuel Morse 1844 eine erste Nachricht über eine 42 Meilen lange Telegrafenleitung verschickt und damit die Kommunikation revolutioniert hatte, waren die überwindbaren Distanzen schnell immer größer geworden, und bald standen interkontinentale Verbindungen mithilfe von Tiefseekabeln auf dem Plan.

Allein die Technik konnte mit den großen Plänen noch nicht mithalten. Durch die schiere Kabellänge war der elektrische Widerstand so groß, dass die Signale noch nicht die ganze Strecke zwischen den beiden Kontinenten geschafft hätten. Die Lösung waren die Azoren. Gleich drei große Telegrafenunternehmen – aus Deutschland, England und Amerika – entsendeten Mitarbeiter auf die Atlantikinseln, wo sie gewissermaßen Hand in Hand arbeiteten. Traf beispielsweise ein Telegramm aus Hamburg ein, gaben es die deutschen Telegrafen an die amerikanischen Kollegen weiter. Die Amerikaner verschickten es daraufhin in ihrem von der Insel nach Westen führenden Kabel weiter.

1928 verliefen nicht weniger als 15 telegrafische Unterseekabel von und nach Horta. Doch die Technik entwickelte sich schnell weiter, und so schloss das letzte ausländische Tiefseekabel-Unternehmen 1969 wieder seine Türen – andere Kommunikationssysteme waren schneller, billiger und relevanter geworden.

38° 32' 13''N 28° 37' 48''W

# 》Fragen

## ANKOMMEN

1 Ist die Inselhauptstadt Horta an der Küste oder weiter im Inselinneren zu finden?

2 Viele Inselgäste kommen heute per Flugzeug nach Faial. In welche Richtung von Horta liegt der Flughafen?

3 Wie heißt der höchste Punkt der Insel Faial?

## AUFWÄRMEN

4 Wohin geht es und worauf schaut man: am Flughafen startend auf der Straße nach Westen. An einer T-Kreuzung nach links, der Straße folgen, bis zum (auf dieser Karte) vierten Weg nach links. Den Abzweig nehmen, so weit wie möglich fahren, dann noch ein Stück zu Fuß weiter.

## DURCHSTARTEN

5 Was fällt bei dem Leuchtturm auf, der nahe dem in Frage 4 gesuchten Ort steht?

6 Ließe es sich von Horta zur westlichen Inselspitze auch an einem Tag wandern?

7 Beinahe alle Flüsse auf Faial fließen von der Mitte der Insel aus sternförmig zur Küste. Laune der Natur oder was ist der Grund?

# »versammelt

*Im Winterquartier der europäischen Graukraniche*

Wenn in der spätherbstlichen Extremadura schmetternde fanfarenartige Rufe erschallen, ist klar: Die Kraniche kommen. Ihr lautstarkes »cru-cru« kündigt das Eintreffen der Vögel an, lange bevor sie irgendwo in ihren langen Ketten- oder Keilformationen am Himmel auszumachen sind.

Mehr als 100 000 Kraniche landen so seit einigen Jahren aufs immer Neue in der Extremadura, denn mittlerweile ist die spanische Region für sie das Überwinterungsgebiet Nummer eins. Nahezu die gesamte europäische Kranichwelt kommt in dieser Gegend zusammen. Früher sind die Tiere nach Afrika weitergezogen. Doch seitdem die Winter milder werden, sparen sie ihre Energie. Es geht ja auch hier.

Ende der 1970er-Jahre waren es lediglich um die 5000 Vögel, die in der Extremadura überwinterten, inzwischen ist die Zahl etwa um den Faktor 25 gestiegen. Aber es sind nicht nur das sich verändernde Klima und die dadurch veränderte Futtersituation, die ihre Anzahl so steigen ließen. Vielmehr war der Kranich vor einigen Jahrzehnten ebenso wie viele andere europäische Wildvögel vom Aussterben bedroht. Vor allem die 1979 verabschiedete EU-Vogelrichtlinie, ein sehr effektives Naturschutzgesetz, trug dazu bei, dass sich die Kranichpopulation in den letzten 40 Jahren erholen konnte.

Seither wurden viele Schutzgebiete eingerichtet – das Naturreservat Dehesa de Moheda Alta in der Extremadura ist eines von ihnen. Die Vögel haben dort ihre Nachtquartiere, bevorzugt auf geschützten Nassflächen, von wo aus sie im Morgengrauen gemeinsam wie auf Kommando losfliegen, um in der Umgebung Nahrung auf abgeernteten Mais- und Reisfeldern oder unter Eichen zu suchen. Ihr lautes »cru-cru« ertönt dann einmal mehr am Himmel.

# » Fragen

## ANKOMMEN

1 Die Extremadura ist sehr dünn besiedelt. Welche beiden vergleichsweise
großen Städte liegen an einer Bahnlinie?
2 Wie heißt der höchste in der Karte eingezeichnete Berg?
3 Wie lautet der Name des Gebirgszuges, zu dem der in Frage 2 gesuchte
Berg gehört?

## AUFWÄRMEN

4 Welche Nummer trägt die Nationalstraße, die auch durch die Dehesa de
Moheda Alta führt?
5 Welcher (ganz) große Fluss durchfließt das Überwinterungsquartier der
europäischen Kraniche?
6 An welchem Piktogramm sind Naturparks und Naturschutzgebiete in der
Karte zu erkennen?

## DURCHSTARTEN

7 Die meisten größeren Flüsse der Iberischen Halbinsel entwässern in die
gleiche Richtung. Lässt sich erkennen, ob das nach Norden oder Süden,
Osten oder Westen ist?
8 Die Extremadura ist ein relativ trockener Landstrich. Sind die großen Steh-
gewässer in der Karte wohl natürlich entstanden oder künstlich angelegt?

# 》 eigenwillig

*Die Kanalinsel Sark – nur der Krone Untertan*

Sie ist die jüngste Demokratie Europas, ihre knapp 500 Bewohner machen ihre Gesetze selbst, zahlen keinerlei Steuern und erwarten keine Sozialhilfe in der Not. Autos sind auf der Insel nicht erlaubt, die Straßen haben keinen Asphalt und werden bei Dunkelheit nicht beleuchtet.

Wenn auf Karten zu lesen ist, dass die Insel Sark und die benachbarten Eilande Guernsey, Jersey und Alderney zu Großbritannien gehören, so stimmt das nur bedingt, denn die Kanalinseln sind weder Teil des Vereinigten Königreiches noch in irgendeiner Form eine Kolonie. Sie sind als direktes Lehen nur der britischen Krone unterstellt, und dorthin zahlen sie auch ihre Pacht. Für Sark beträgt sie ein Pfund und 79 Pence pro Jahr und ist unverändert geblieben seit ihrer Festsetzung im Jahre 1565. Damals vergab die englische Königin Elizabeth I. die Insel an 40 Familien mit der Auflage, ihre Häuser über die ganze Landfläche zu verteilen und stets ein Gewehr zur Verteidigung bereitzuhalten, um Piraten dort fortan keine Unterschlupfmöglichkeiten mehr zu gewähren. Ein Bewohner Sarks wurde zum Seigneur ernannt; er lenkte die Geschicke der Insel und vererbte das Recht zur Regentschaft an seine Nachkommen.

Diese Form der Feudalherrschaft bestand über 440 Jahre und wurde erst 2008 im Zuge einer Klage vor dem Europäischen Gerichtshof für Menschenrechte abgeschafft. Seitdem wird das Inselparlament demokratisch von allen Bewohnern gewählt. Auch das Vererben von Besitztum an weibliche Nachkommen ist nun erlaubt. Weiterhin ausgeschlossen ist ein Verkauf des Grundbesitzes – zumindest derzeit noch.

Über einen sehr schmalen Landrücken ist Sark mit dem Inselteil Little Sark verbunden.

# 》Fragen

## ANKOMMEN

1 Sark liegt im Ärmelkanal, rund 120 Kilometer von England und etwa 40 Kilometer von Frankreich entfernt. Zu zwei anderen Kanalinseln besteht eine regelmäßige Schiffsverbindung. Welche Inseln sind das?

2 Besteht von Sark aus eine direkte Fährverbindung zum französischen Festland?

3 Besitzt die Insel einen Flughafen?

## AUFWÄRMEN

4 Die Insel Sark ist die viertgrößte unter den Kanalinseln. Nummer fünf in dieser Reihenfolge liegt genau zwischen Sark und Guernsey. Wie lautet ihr Name?

5 Nimmt man die Fähren von den Kanalinseln aus südlich zum französischen Festland, erreicht man die Region der Bretagne. Wie heißt die dortige Hafenstadt, in der die Schiffe anlegen?

6 Das französische Festland östlich der Kanalinseln wiederum gehört zur Region der Normandie. Wie lautet der Name des Kaps wenige Kilometer östlich der Kanalinsel Alderney?

## DURCHSTARTEN

7 Wie viele Leuchttürme auf den Kanalinseln geben dem Schiffsverkehr eine zusätzliche Orientierung während der Nacht?

8 Berühmte Kirchen sind auf der Karte mit dem Symbol eines schwarzen Quadrates samt einem Kreuz darüber gekennzeichnet. Das gesuchte Gotteshaus liegt nahe der Grenze zwischen den Regionen Normandie und Bretagne. Wie heißt es?

# »verstrickt

*Auf den Shetlandinseln*

Aus mitteleuropäischer Sicht mögen die Shetlandinseln, das abgelegene Archipel weit vor der schottischen Küste, wie ein karger, unwirtlicher Außenposten erscheinen, weit entfernt von den großen Verkehrswegen unserer Zeit. Doch es bedarf nur eines Zeitsprungs und eines kleinen Perspektivwechsels, schon sind die Shetlands, wie sie im Englischen oft kurz heißen, eine wichtige Drehscheibe.

Im neunten Jahrhundert, so die Dokumentenlage, segelten die Wikinger westwärts, fanden nach etwa 200 Seemeilen die damals bereits besiedelten Inseln und übernahmen sie kurzerhand. 700 Jahre dauerte ihre Herrschaft. Fortan landeten sie in verschiedenen Häfen an, wo sie tauschten und handelten, die Waren auf ihre Schiffe luden und weitersegelten – auf die Färöer, nach Island oder zurück nach Skandinavien.

Auch nach den Wikingern blieben die Shetlands ein bedeutsamer Knotenpunkt an wichtigen nördlichen Handels- und Fischfangrouten zwischen dem Baltikum und dem Nordatlantik.

Ein begehrtes Produkt der Inseln war seit jeher die Wolle der hiesigen, eher kleinen Shetlandschafe. Die Tiere sind angepasst an das raue Klima und besitzen ein sehr widerstandsfähiges und doch weiches Fell. Nachweislich erstmals erwähnt wurden die Strickerzeugnisse im 18. Jahrhundert, und zwar als von Fair Isle stammend, der »Schönen Insel«, wo mehrfarbige geometrische, in Streifen angeordnete Designs entstanden. In die große weite Welt eilte deren Ruf, nachdem sich der Prince of Wales und spätere Edward VIII. in den 1920er-Jahren in einem solchen Strickpullover beim Golfspielen zeigte. Bis heute sind die mehrfarbigen Fair-Isle-Muster rund um den Globus bekannt.

*Die Wolle der Shetlandschafe (hier auf Fair Isle) ist besonders strapazierfähig.*

# ≫ Fragen

## ANKOMMEN

1 Spielt das Wetter mit, steuern kleine Flugzeuge Fair Isle an. Wie viele weitere Inselflughäfen zeigt die Karte?

2 Wie heißt der Hauptort der westlichsten Shetlandinsel?

3 Welche Meeresstraße ist, zumindest dem Namen nach, einem Vater gewidmet?

## AUFWÄRMEN

4 Apropos Namen: Seit den Wikingern sind die Shetlandinseln stark skandinavisch geprägt. Welcher in der Karte verwendete Buchstabe erinnert daran?

5 Wie heißt der höchste Berg der Shetlandinseln?

6 Ein besonders spannendes Bauwerk für archäologisch Interessierte ist der Broch of Mousa. Ist es möglich, von der Inselhauptstadt Lerwick mit dem Auto dorthin zu gelangen?

## DURCHSTARTEN

7 Wie weit ist es von Mainland, der Hauptinsel der Shetlandinseln, nach Fair Isle?

8 Heute leben die Shetlandinseln vor allem von und mit der Öl- und Gasförderung. Worin hat man ganz offensichtlich Teile der Gewinne investiert?

J K L

1

2

3

4

5

Hermaness Saxo Vord
285 m
Tonga Stack Lamba Ness
Burrafirth Haroldswick
Baltasound Balta
Greenbank Unst
968
Uyeasound
Gutcher Belmont
Nev of Stuis Mid Oddsta Fetlar
Point of Fethaland Yell
Øya Funzie
North Roe 968 Yell The Snap
Holes of Scraada North Roe West
Ronas Hill Sandwick
450 m Eastwick
Northmaven Ulsta Burravoe
Stenness Hillswick Sullom Voe Oil Terminal
Dore Holm Toft
Out Skerries
Long Head Button Hills 968 Bruray
St. Magnus Bay 252 m Lunna
Brae Lunnasting
Mavis Grind 970 Laxo Vidlin
Muckle Roe Voe Symbister Whalsay
Papa Stour Scalla Field Nesting
Biggins West 281 m The Keen South Nesting Bay
Sound of Papa Burrafirth Aith Weisdale
Pund Head Sandness Mill
Sandness Hill Mainland
249 m Bixter 971
Staneydale Tresta
Braga Ness Walls Sandsting Tingwall
970
Vaila Whiteness
Wester Skeld The Deeps Lerwick
Ham Scalloway Isle of Noss
Foula Bressay
Hamnavoe Easter Quarff
West East Cunningsburgh
Burra Burra Helli Ness
South Havra Mousa
Bigton Sandwick Broch of Mousa
St. Ninian's Isle
The Ords 970 Boddam
283 m Shetland Crofthouse
Quendale M Museum
Old Scatness Broch Grutness
Ness of Burgi
Jarlshof Sumburgh Head

Shetland Islands

0 10 20 km

Stonybreak Fair Isle

# ≫ abgebrochen

*In der schwindenden Gletscherwelt Grönlands*

Das grönländische Eisschild. Eine unwirtliche wie faszinierende Welt, die zu Abenteuern lockte und noch immer Sehnsüchte weckt. Eine Welt auch, die längst Synonym für die fortschreitenden Klimaveränderungen geworden ist.

Schneefall lässt das Eisschild wachsen, Schneeschmelze und das Abbrechen von Gletschern lassen es kleiner werden. Jedes Jahr aufs Neue. Mal geht diese Entwicklung stärker in die eine, dann wieder stärker in die andere Richtung. In den letzten Jahren gibt es jedoch nur eine klare Tendenz – die zum Schmelzen.

Dabei sind die Ausmaße des Eises selbst heute schlichtweg gigantisch. Wir reden von einer mehr als 1,7 Millionen Quadratkilometer großen Fläche und einem Volumen von 2,85 Millionen Kubikmetern Eis. Bevor es das Meer erreicht, fließt das Eis auf Grönland vielerorts zunächst durch Talverengungen, sogenannte Auslassgletscher, aus dem Eisschild ab.

Größter Auslassgletscher der Diskobucht ist der Sermeq Kujslleq, er gilt auch als der produktivste und schnellste Eisstrom weltweit. Seine Fließgeschwindigkeit lag 2008 bei 20 Metern pro Tag beziehungsweise sieben Kilometern pro Jahr, inzwischen melden die Messgeräte 14 Kilometer jährlich. Dabei brechen 48 Kubikkilometer Eis in den bis zu 1000 Meter tiefen Kangiafjord ab.

Die ohne Weiteres kirchturmhohen Eisberge schieben sich zunächst durch den 40 Kilometer langen Fjord, an dessen Ende viele in kleinere Teile brechen und schmelzen. Dann treiben sie ins offene Meer hinaus, zunächst die grönländische Küste nordwärts. Anschließend – der allgemeinen Atlantikströmung weiter folgend – entlang der nordamerikanischen Küste südwärts.

69° 12' 12''N 49° 32' 46''W

Am Sermeq Kujslleq, dem schnellsten Gletscher der Welt.

# » Fragen

## ANKOMMEN

**1** Wer nicht gerade den Weg übers Eisschild wagt, nimmt ein Boot oder das Flugzeug, um von der Ost- an die Westküste Grönlands zu gelangen. Wie viele Flughäfen sind im Kartenausschnitt zu finden?

**2** Welcher der in Frage 1 gesuchten Flughäfen ist der nördlichste?

**3** Grönland ist ein autonomes Gebiet innerhalb des Königreichs Dänemark, weshalb neben grönländischen viele dänische Begriffe in der Karte zu finden sind. Auch ohne Dänisch zu sprechen: Wie lautet der dänische Name der Diskobucht? Und wie heißt sie auf Grönländisch?

## AUFWÄRMEN

**4** Wie ist der Name einer beliebten Wandertour?

**5** Was scheint am westlichen Ende der in Frage 4 gesuchten Tour gelandet zu sein?

## DURCHSTARTEN

**6** Die Diskobucht gilt als das grönländische Hauptreiseziel von Gästen aus aller Welt. Welche nächsten nördlichen Siedlungen ließen sich laut Karte von hier aus mit dem Schiff ansteuern?

**7** Sieht außergewöhnlich aus. Stimmt vielleicht etwas mit dem gesamten rechten Kartenrand nicht?

# ⟫ umgerückt

*Umzugsaktivitäten in Kiruna*

Es fällt schon schwer genug, sich vorzustellen, welche Konsequenzen es hat, wenn ein Dorf weichen muss, weil ein Bergbauunternehmen auf dessen Fläche Bodenschätze abbauen will. Was aber, wenn dies gleich eine ganze Stadt mit über 25 000 Einwohnern betrifft? Genau das passiert derzeit nördlich des Polarkreises im schwedischen Kiruna. Einst lebte hier in der baumlosen subarktischen Landschaft ausschließlich das Volk der Samen, die ihre Rentierherden quer durch die Weiten Lapplands ziehen ließen.

Sie kannten den Ort mit dem eisenerzhaltigen Gestein, maßen ihm jedoch nicht die Bedeutung bei, wie es mit dem Beginn der industriellen Revolution große Teile der restlichen Welt taten. So zogen Ende des 19. Jahrhunderts Bergarbeiter aus dem Süden Schwedens dorthin, gründeten die Stadt Kiruna und begannen, den Flöz zunächst oberirdisch abzubauen. Weil dieser Bereich seit einiger Zeit erschöpft ist, wurde es nötig, dem Flöz weiter ins Erdinnere zu folgen und das Eisenerz unter Tage zu fördern.

Hätte man von Anfang an gewusst, dass die Erzader unterirdisch genau in Richtung Kiruna verläuft, wäre die Stadt sicherlich an anderer Stelle errichtet worden. Nun allerdings steht man vor dem Dilemma, entweder den Bergbau einstellen zu müssen, damit bei den unterirdischen Grabungen der Ort darüber nicht einstürzt, oder aber die ganze Siedlung um mehrere Kilometer zu verschieben. Da der Großteil der Arbeitsplätze in Kiruna am Bergbau hängt, war irgendwann klar: Die Stadt zieht um! Das erfordert von den Bewohnern große Veränderungsbereitschaft, aber manch einer findet es auch spannend, dabei zu sein, wenn Kiruna verrückt wird.

# ≫ Fragen

## ANKOMMEN

**1** Welches Symbol zeigt an, dass in Kiruna Bergbau betrieben wird?

**2** In welcher anderen schwedischen Stadt wird ebenfalls Eisenerz abgebaut?

**3** Auf der Karte ist auch der Grenzverlauf zwischen Schweden und Norwegen eingezeichnet. In welchem Land verläuft hier die Europastraße 6?

## AUFWÄRMEN

**4** Das in den Bergbauminen geförderte eisenerzhaltige Gestein wird noch in Kiruna zu kleinen handlichen Pellets verarbeitet und dann ausschließlich mit der Bahn abtransportiert. Die Bergbaugesellschaft hat für die schweren Erzzüge besonders zugkräftige Lokomotiven entwickeln lassen, die auch Gebirgsabschnitte gut meistern. Zu welchem Hafen am Atlantik bringen diese Züge das Erz, damit es dort auf Seeschiffe verladen wird?

**5** Welche bei Norwegentouristen sehr beliebte Inselgruppe erreicht man, wenn man von Kiruna aus der Europastraße 10 gen Westen folgt?

**6** Wie lautet das norwegische Wort für Leuchtturm?

## DURCHSTARTEN

**7** Was erwartet Reisende mit dem Auto auf der Europastraße 6 von Bjørkåsen nach Fauske?

**8** Auf der Karte sind auch Gleise von Kiruna aus in südliche Richtung eingezeichnet. Über diese Strecke wäre es durchaus möglich, das Erz über eine weniger gebirgige Strecke nach Luleå und damit unmittelbar an die Ostsee zu bringen. Wenn man im Hinterkopf hat, dass entlang der norwegischen Küste der Golfstrom nach Norden fließt, ist es aus welchem Grund sinnvoller, den Abtransport des Erzes über die Gebirgsstrecke und den Hafen aus Frage 4 zu organisieren?

# 》denkmalgeschützt

*Holzarchitektur in Zakopane*

Wer sind wir? Unter Polinnen und Polen wurde Ende des 19. Jahrhunderts diese Frage immer wichtiger. Schließlich war die polnische Nation zu diesem Zeitpunkt schon seit mehr als 100 Jahren als eigenständiger Staat von den Weltkarten verschwunden. Insbesondere Intellektuelle, Kunstschaffende und Schriftsteller versuchten, Antworten zu finden.

Viele von ihnen reisten damals nach Zakopane, am Nordrand der Hohen Tatra, oder siedelten gleich ganz dorthin über, um sich für ihre Arbeit von der Landschaft inspirieren zu lassen. So auch der Künstler und Architekt Stanisław Witkiewicz, der sich für die regionale Kultur der Bergbewohner, der Góralen, begeisterte, vor allem für deren Architektur: Ihre Häuser errichten die Góralen in Holzbauweise, verziert mit volkstümlichen, folkloristischen Details. Witkiewicz griff diese Formen auf und mischte sie mit Jugendstil-Elementen. Daraus entwickelte er eine ganz eigene architektonische Spielart, die bald als Zakopane-, Tatra- oder Witkiewicz-Stil Bekanntheit erlangte.

Die hölzernen Villen dieser Bauart sind unverkennbar: Sie thronen auf einer massiven Untermauerung aus Spaltstein oder Granit. Mit großen Veranden, vielen Giebeln, steilen Schindel- und Mansardendächern sind sie reich an kunstvollen Schnitzereien und Verzierungen.

Das erste derartige Gebäude des Polen war 1892 die Villa Koliba. Es folgten weitere Häuser nach seinen Entwürfen, ebenso die Herz-Jesu-Kapelle. Heute sind diese Bauwerke denkmalgeschützt, Teil der polnischen Identität und weit über die Berge der Hohen Tatra hinaus bekannt.

Die Herz-Jesu-Kirche in Zakopane am Rand des Tatra-Nationalparks.

# » Fragen

## ANKOMMEN

**1** Der Gebirgszug der Hohen Tatra – zwischen der Stadt Zakopane und der Autobahn E50 gelegen – ist ein sehr beliebtes Wandergebiet. Wie viele Berghütten sind auf der Karte im Gebiet der Hohen Tatra eingezeichnet?

**2** In welchen Ländern befindet sich die Hohe Tatra?

**3** Welcher ist der höchste Berg der Hohen Tatra?

## AUFWÄRMEN

**4** Andere Länder, andere Namen – wie heißt der Tatra-Nationalpark in den jeweiligen Landessprachen?

**5** Bleiben wir bei Namen. Wo es eine Hohe Tatra gibt, ist die Niedere Tatra nicht weit. Auch ohne Slowakisch zu sprechen: Wie heißt diese beziehungsweise der dortige Nationalpark?

## DURCHSTARTEN

**6** Auf welchen Berg könnte man wollen, wenn man folgende Reiseroute auf der Karte plant: von Zakopane mit dem Zug in die nächstgrößere Stadt. Von dort mit dem Auto auf der Straße nach Osten. Am ersten Abzweig die Straße nach links nehmen, von dieser nochmals links abbiegen und bis zum Ende der Straße fahren. Bis zum Gipfel sind es von hier etwa acht Kilometer.

**7** Welches der beiden Länder würde man besuchen wollen, wenn man in der Region möglichst hoch hinaus wollte?

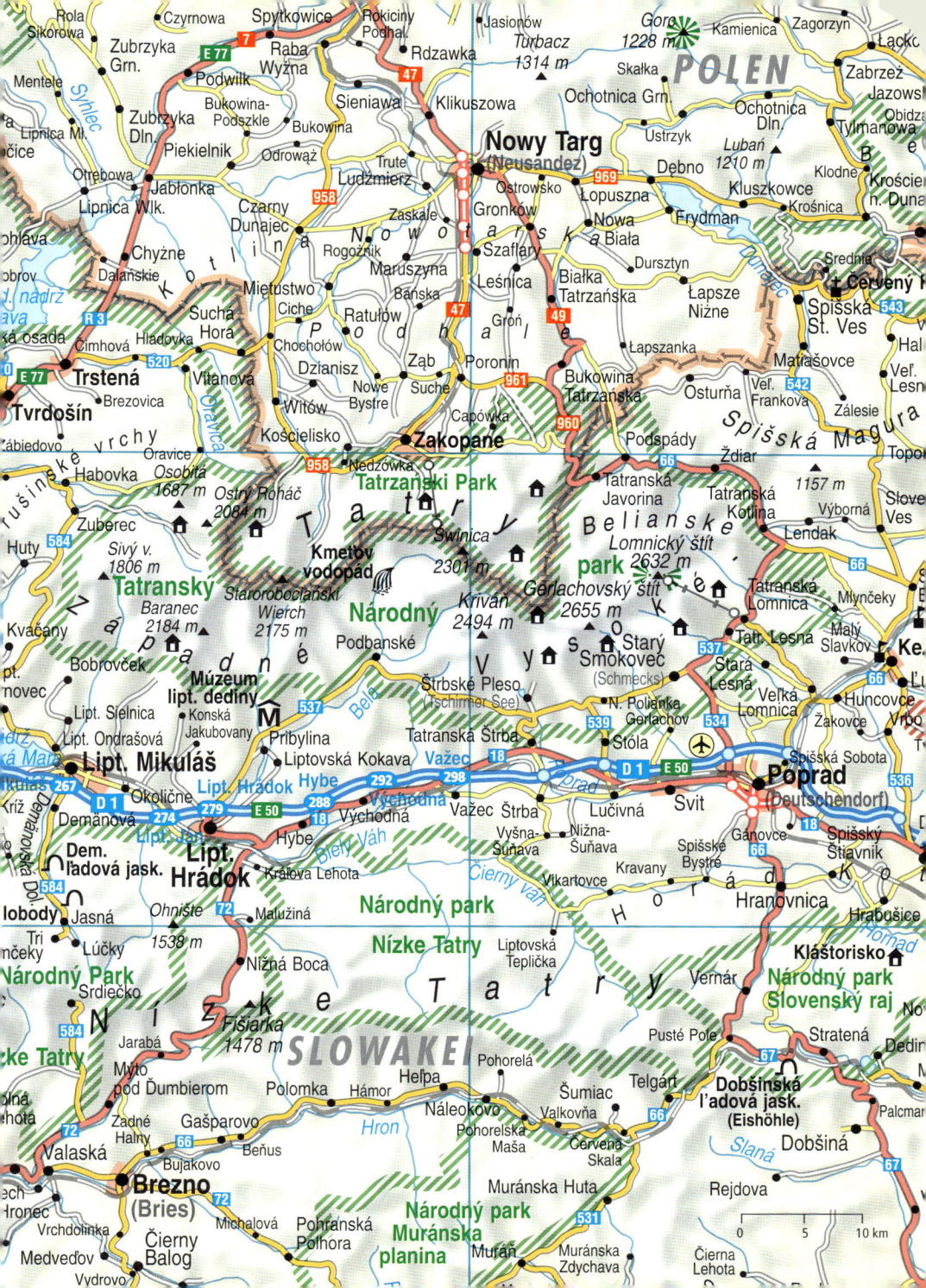

# 》 mittendrin

*Multi-ethnisches Erbe in Lwiw*

Lemberg. Lwów. Lwiw. Lvov. Wie viele Namen kann eine Stadt bei ihrer Bevölkerung haben? Viele! Wie die westukrainische Großstadt mit dieser nicht einmal vollständigen Aufzählung beweist. Jeder Name ist eine Facette der Stadt und erinnert an ihre multi-ethnische Geschichte.

Seit dem Mittelalter war Lwiw, so die ukrainische Bezeichnung, wichtiger Knotenpunkt von Handelswegen aus allen Himmelsrichtungen. Kaufleute und Händler, die sich in der Stadt niederließen, brachten ihre Kultur mit. Ihre Religionen. Ihre Sprachen: Polnisch und Armenisch, Jiddisch und Deutsch, Russisch und Ukrainisch. Bunt und fragil war dieses Miteinander, und in ihrer wechselvollen Geschichte gehörte die Stadt mal zu Polen, dann zu Österreich-Ungarn, später zur Sowjetunion. Seit 1991 ist sie ukrainisch.

Die Einflüsse der verschiedenen Kulturen machen sich bis heute bemerkbar. Manches etwas verborgen, anderes unübersehbar: vor allem die zahlreichen Cafés – in den letzten Jahren wieder neu am alten Platz eröffnet oder einfach immer da gewesen. Die Kaffeehauskultur, Erbe aus der österreichischen Zeit, ist fester Bestandteil der Lemberger Identität und nicht wegzudenken. Außerhalb der Innenstadt, wie im Bezirk Sychiw, kontrastieren große Plattenbausiedlungen in realsozialistischer Anmutung dieses Flair. Dort lebt ein Großteil der Lwiwer Bevölkerung. Die Viertel sind beliebt wegen des vielen Grüns, das besonders im Sommer angenehm kühlt. Außerdem, weil man Läden, Kinos, Kulturzentren und Schwimmbäder zu Fuß erreicht.

Und so wird vielleicht schon an dieser Stelle klar, warum Lwiw, in der Mitte Europas gelegen, wahlweise als östlichste Stadt Westeuropas oder als westliche Stadt Osteuropas gilt.

*Friedliche Zeiten: im historischen Zentrum von Lwiw.*

# ⟫ Fragen

## ANKOMMEN

**1** Piktogramme vermitteln komplexe Informationen: So sind in der Karte Grenzübergänge als weißer Balken auf rotem Kreis eingezeichnet. Wie viele Grenzübergänge gibt es im Kartenausschnitt?

**2** Wie viele Nachbarländer der Ukraine sind auf der Karte zu erkennen?

## AUFWÄRMEN

**3** Wie heißt der höchste Berg im Kartenausschnitt?

**4** In welchem Schutzgebiet befindet sich der in Frage 3 gesuchte Berg?

**5** Wie heißt das Gebirgsdorf Blaubad heute?

## DURCHSTARTEN

**6** Welche polnische Stadt liegt besonders verkehrsgünstig an der Grenze zur Ukraine?

**7** Woran lässt sich recht gut erkennen, dass Lwiw schon immer eine wichtige (über-)regionale Drehscheibe war?

# 》aufgestelzt

*In der Lagune von Venedig*

La Serenissima. Über Jahrhunderte zog es Reisende in die Republik Venedig: La Serenissima Repubblica di San Marco – Die Durchlauchteste Republik des Heiligen Markus. Und bis heute hat die auf mehr als 100 Inseln in der Lagune von Venedig gebaute Stadt eine einzigartige Ausstrahlung. Das Wasser ist seit jeher Teil des hiesigen Selbstverständnisses. Statt Straßen durchziehen Kanäle Venedig, statt Autos und Lastwagen fahren hier Gondeln und Boote.

Die ersten Siedler ließen sich meeresnah auf sumpfigen Inseln nieder. Sie bauten ihre Häuser auf Holzstelzen und versuchten fortan, den Wasserstand zu stabilisieren. Dies war schwierig, ist doch eine Lagune ein höchst labiles Übergangsgebiet, ein Kompromiss zwischen Flüssen und Meer. Permanent verändert sie sich, und langfristig verschwindet sie. Immer. Sofern man nichts für ihren Erhalt tut. Denn die Flüsse transportieren Sedimente, was dazu führt, dass die Lagune verlandet. Um dies zu verhindern, hat man schon im 14. und 15. Jahrhundert mehrere Flüsse umgeleitet. Zu jener Zeit war Venedig längst zu Wohlstand gekommen und zur mächtigen Seerepublik aufgestiegen.

Doch Anfang des 18. Jahrhunderts waren die Staatsschatullen leer. Auf Vormacht und Dekadenz folgte Bedeutungslosigkeit und Verfall. Eines ist allerdings geblieben: das labile Gleichgewicht der Stadt. Venedig ist so fragil wie die Lagune selbst. Heute mehr als je zuvor. Der Klimawandel, vor allem aber der (Kreuzfahrt-)Tourismus, der nicht zuletzt auf dem Mythos der Stadt fußt, setzen Venedig in gewaltigem Ausmaß zu.

*Buchstäblich einzigartig, Venedig.*

# 》Fragen

## ANKOMMEN

1  Wie viele Leuchttürme sind auf der Karte rund um die Lagune von Venedig eingezeichnet?
2  Wie lautet der italienische Name der Lagune von Venedig?
3  Die Lagune ist vom Mittelmeer durch vorgelagerte Inseln abgetrennt, die damit die eigentliche Küstenlinie (italienisch: *litorale*) bilden. Wie heißen die drei großen Küstenabschnitte?

## AUFWÄRMEN

4  Wofür nutzen Einheimische und Gäste die in Frage 3 gesuchten Küstenabschnitte gerne?
5  Der zentrale Platz von Venedig ist bis heute die erste Anlaufstelle für die wohl meisten Gäste der Inselstadt. Wie heißt er?

## DURCHSTARTEN

6  Welche größte Ausdehnung hat die Lagune etwa?
7  Nord oder Süd? Wo sind die flacheren Gebiete der Lagune?

# » angeritzt

*Weihrauch aus dem Oman*

Da 70 Prozent des Landes aus Wüsten und Gebirgen bestehen, lebt der größte Teil der Einwohner des Sultanats Oman in den fruchtbaren Küstenebenen entlang des Indischen Ozeans. Bereits im Mittelalter hatten hier ansässige Händler erkannt, welche Chancen ihnen die Lage im Südosten der Arabischen Halbinsel unmittelbar am Meer eröffnete. Sie erforschten daher auf dem Seeweg die umliegenden Küsten Vorderasiens, gründeten neue Stützpunkte und schufen sich so ein kleines Handelsreich. Man vermutet, dass die dabei gemachten Erlebnisse zu den Erzählungen über Sindbad den Seefahrer inspirierten, die später in die Sammlung der »Märchen aus 1001 Nacht« eingingen.

Aber nicht nur auf dem Wasserweg gelangten die Waren an ihre Käufer. Bereits 1500 Jahre zuvor brachen Kamelkarawanen auf, um Städte im Landesinneren und an der Mittelmeerküste mit Waren zu beliefern. Die bekannteste unter diesen Handelswegen durch die Wüste Arabiens ist die Weihrauchstraße. Sie wurde nach dem Harz des Weihrauchbaumes benannt, dessen Wirkung als Heilmittel gegen Entzündungen und chronische Erkrankungen hochgeschätzt war.

Weihrauchbäume können aus klimatischen Gründen nur an wenigen Orten Arabiens gedeihen, so auch im Süden des Oman. Die Harzgewinnung geschieht hier bis heute noch auf die gleiche Weise wie vor 2000 Jahren. Während der heißen Sommerzeit muss der Stamm des Weihrauchbaumes angeritzt werden, bis eine milchartige Substanz austritt. Anschließend trocknet sie an der Luft zu Harz. Dies gilt es über mehrere Wochen hinweg zu wiederholen, denn erst dann wird jene Qualität erreicht, durch die der Oman berühmt wurde.

*Weihrauch: Das Harz dieses Baumes wirkt heilend bei Entzündungen.*

# ≫ Fragen

## ANKOMMEN

1 Muscat oder Maskat, wie die Stadt im Deutschen oft geschrieben wird, ist die Hauptstadt des Oman. Wie man auf der Karte jedoch erkennen kann, gehen entlang des schmalen Küstenstreifens die einzelnen Orte nahtlos ineinander über. Wie heißen die beiden Inselgruppen, die der Küste vorge-lagert sind?

2 Auf der Karte ist ein Flughafen mit dem Symbol eines schwarzen Flugzeu-ges auf gelbem Untergrund eingetragen. Wie lautet sein Name?

3 Welche Fernstraße bringt Bewohner und Touristen von der Küste ins Hajar-Gebirge im Inneren des Landes?

## AUFWÄRMEN

4 Im Landesinneren befinden sich zahlreiche Oasen. Mit welchem Symbol werden sie auf der Karte dargestellt?

5 Wer von der Fernstraße aus Frage 3 in nördlicher Richtung auf die Route 21 abbiegt, erreicht die größte Oase des Omans. Wie lautet ihr Name?

6 Nordwestlich der Oase aus Frage 5 ist auf der Karte eine Höhle eingetra-gen. Das Symbol hierfür ist eine Art Tunneleingang mit seitlichem Verlänge-rungsstrich. Wie heißt die Höhle?

## DURCHSTARTEN

7 Sehenswürdigkeiten sind auf der Karte mit einem schwarzen Stern mar-kiert. Unter ihnen befindet sich auch eine Rennbahn. Welche Tiere treten hier gegeneinander an?

8 Wie heißt die Sehenswürdigkeit, die unmittelbar südlich der Sultan Qaboos Universität auf der Karte eingetragen ist?

# 》durchgereist

*Mitten auf der Seidenstraße*

Umgeben von weiten Gebirgen und grenzenloser Steppe liegt am Rand des fruchtbaren Ferganatals die Stadt Osch, einer der ältesten Orte in Zentralasien. Zu Zeiten der Seidenstraße kreuzten sich hier wichtige Karawanen- und Handelswege, und einer der wichtigsten Märkte an der legendären Handelsstraße entstand. Die mehr als 6000 Kilometer lange Route – richtiger: ein Wegenetz zwischen Asien und Europa, auf dem Ost und West über zwei Jahrtausende handelten – hat nach Osch ebenso wie nach ganz Zentralasien einst Geld und Wohlstand gebracht.

Die in westliche Richtung durchreisenden Handelskarawanen transportierten vornehmlich Seide. Über Jahrtausende gab es allein in China das Wissen, wie Seidenraupen aus Maulbeerblättern Kokons formen und vor allem, wie sich diese nutzen ließen, um Seide zu produzieren. Auch Gewürze, Pelze und Keramiken waren im Gepäck der großen Reisegesellschaften. Nach Osten gelangten insbesondere Gold und Silber sowie Wolle und Glas.

Außerdem mischten sich über die Seidenstraße Ideen, Philosophien und ganze Kulturen; auch Techniken wie der Buchdruck oder die Porzellanherstellung kamen so nach Europa.

Selten reiste jemand wirklich den gesamten Weg. Meist gelangten die Waren auf einer Vielzahl kürzerer Etappen an das andere Ende der bekannten Welt. Vielleicht – doch das ist bis heute nicht unumstritten – war der Venezianer Marco Polo einer von denen, die die gesamte Seidenstraße kennenlernten. In Osch jedenfalls hatten besonders weit Reisende, so das überlieferte Verständnis, die geografische Mitte der Seidenstraße erreicht.

# » Fragen

## ANKOMMEN

**1** Wie viele Flughäfen (schwarzes Flugzeug auf gelbem Grund) und wie viele Flugplätze (schwarzes Flugzeug) sind auf der Karte eingezeichnet?

**2** In oder nahe welcher Stadt gibt es sowohl einen Flughafen als auch einen Flugplatz?

**3** In welchem Land liegt Osch (auf der Karte: Osh)?

## AUFWÄRMEN

**4** Wie hoch ist der höchste auf der Karte eingezeichnete Berg?

**5** Osch liegt am Rand des Ferganatals. Aber an welchem – dem Ost- oder dem Westrand?

## DURCHSTARTEN

**6** Wie viele Kilometer Luftlinie sind es etwa von Osch in Kirgisistan nach Kokand in Usbekistan?

**7** In den zentralasiatischen (ehemaligen Sowjet-)Republiken existiert eine Vielzahl von Enklaven – Land, das zu einem Staat gehört, aber von dem Territorium eines anderen Staates umgeben ist. Wie heißt die größere der in dem Kartenabschnitt erkennbaren Enklaven?

# ⟫ erschüttert

## *Das Tunguska-Rätsel*

Eine enorme Explosion erschütterte an einem Sommermorgen im Jahre 1908 die sibirische Taiga.

Auf einen lauten Knall und ein grelles Licht folgte eine Druckwelle, die kilometerweit alle Bäume umknickte. Noch im 65 Kilometer entfernten Dorf Wanawara waren die Auswirkungen der Explosion so gewaltig, dass sie Fenster und Türen eindrückte; noch 500 Kilometer entfernt berichteten später Augenzeugen, sie wahrgenommen zu haben. Rund um den Erdball zeichneten zudem Seismografen das Ereignis auf.

Die Explosion verwüstete eine Fläche von mehr als 2000 Quadratkilometer. Lange konnten sich Forschende keinen Reim auf die Geschehnisse machen. Viele unterstützen am ehesten die These, wonach ein Himmelskörper die Ursache für die Katastrophe gewesen sein könnte: Trifft ein Asteroid auf die Atmosphäre, dann wäre eine derartige Druckwelle durchaus die Folge. Weil aber niemals Spuren eines Asteroiden gefunden wurden, steht die Theorie nach wie vor auf wackligen Beinen. Andere Ansätze ziehen einen Kometen oder vulkanische Aktivitäten in Betracht. Auch ein gewaltiger Gasausbruch und zuletzt ein Eisenmeteorit waren schon in der Diskussion.

Was immer eines Tages abschließend als ursächlich für das Ereignis in die Geschichtsbücher eingeht – Stanislaw Lem hat das Rätsel auf ganz eigene Art gelöst. Im 1951 veröffentlichten Science-Fiction-Roman des polnischen Autors entpuppt sich das, was eingeschlagen ist, als eine von der Venus geschickte und verunglückte Weltraumsonde.

*In langen sibirischen Wintern führt die Straße direkt über die Tunguska.*

# ≫ Fragen

## ANKOMMEN

1  Welches Land zeigt der Kartenausschnitt hauptsächlich?
2  Die Großlandschaft, die sich fast über die gesamte Karte erstreckt, ist das Mittelsibirische Bergland. Wie ist der russische Name dafür?
3  Wie viele Berge sind in dieser russischen Landschaft dargestellt?

## AUFWÄRMEN

4  An welchem Fluss liegt das Dorf Vanavara?
5  Der in Frage 4 gesuchte Fluss geht erst in einen anderen Fluss über, bevor er in einen der ganz großen russischen Ströme fließt. Wie heißt der gesuchte Strom?
6  Quelle und Mündung welches zweiten besonders langen sibirischen Flusses sind auf der Karte zu sehen?

## DURCHSTARTEN

7  Tompa – die Reste der einstigen bäuerlichen Siedlung wären wohl längst aus Karten getilgt, gäbe es hier nicht eine Wetterstation. Würde einer der Mitarbeiter der Wetterstation eine Flaschenpost ins Wasser geben, wohin im Kartenausschnitt könnte diese im Extremfall gelangen?
8  Für welches Flaschenmaterial würde sich der Mann aus Frage 7 heutzutage wohl entscheiden und warum?

# 》 ausgewildert

*Przewalski-Pferde in der Mongolei*

Wie genau sahen Wildpferde aus? Die Antwort geben am ehesten Przewalski-Pferde, benannt nach dem Oberst und Expeditionsreisenden, der im Auftrag des russischen Zaren Zentralasien erforschte und von dort 1878 Hinweise auf eine in der Forschung unbekannte Pferdeart mitbrachte.

Einst waren Wildpferde in den Steppen ganz Eurasiens unterwegs – von der Iberischen Halbinsel bis zur Wüste Gobi. Dann jedoch zogen sie sich, bejagt und bedrängt vom Menschen, nach Zentralasien zurück. Takhi ist der Name des Pferdes in der Mongolei, wo es als heiliges Tier gilt. Zunächst brachte ihm das aber auch dort kein zusätzliches Glück ein, denn das letzte freilebende Przewalski-Pferd zeigte sich 1969 Wissenschaftlern in der Wüste Gobi.

Selbst in den Zoos waren die ponygroßen Wildpferde zu diesem Zeitpunkt auf einige wenige Dutzend dezimiert; einzig im Prager Zoo und im Münchner Tierpark Hellabrunn kamen noch Fohlen zur Welt. Die Tiere waren vom Aussterben bedroht. Dann begann ein aufwendiges Erhaltungsprogramm: Ein Zuchtbuch wurde angelegt, und die verbliebenen Pferde wurden bestmöglich gekreuzt. Heute ist ihre Zahl auf inzwischen wieder mehr als 2000 angestiegen.

Anfang der 1990er-Jahre kehrten die ersten Takhis dann auch in der Wüste Gobi zurück. Die Auswilderung gelang. Inzwischen leben im Südwesten der Mongolei in einem streng geschützten Gebiet wieder etwa 300 dieser Tiere.

Seit ihrer Entdeckung ging man davon aus, dass die Takhis die letzten echten Wildpferde seien. 2018 zeigte eine genetische Studie, dass es sich wahrscheinlich um verwilderte Abkömmlinge eines bei der Botai-Kultur vor rund 5500 Jahren bekannten Pferdes handelt. Die Frage, ob diese Tiere wild oder domestiziert waren, muss die Wissenschaft noch abschließend klären.

*Przewalski-Pferde in der Wüste Gobi.*

# 》Fragen

## ANKOMMEN

**1**  Wie viele (grün umrandete) Schutzgebiete finden sich im Kartenausschnitt?

**2**  Eines der Wiederansiedlungsprojekte für Przewalski-Pferde beziehungs-
weise Takhis liegt im Schutzgebiet Gobiin Ikh Darhan Gazar »B« (Großes
Gobi-B-Schutzgebiet). Wie hoch ist der höchste Berg innerhalb dieses
Schutzgebiets, und wie heißt er?

**3**  Die Thakis wurden im Tahiin Tal ausgewildert (im Schutzgebiet aus Frage 2).
Welche ist die nächstliegende Siedlung?

## AUFWÄRMEN

**4**  Welches Element ist prägend für das Schutzgebiet Khar-Us Nuur?

**5**  Welche Hauptstraße würde man höchstwahrscheinlich nutzen, wollte man
von Khovd zum Schutzgebiet Gobiin Ikh Darhan Gazar »B« gelangen?

## DURCHSTARTEN

**6**  Wie groß in etwa ist das Schutzgebiet Gobiin Ikh Darhan Gazar »B«?

**7**  Immer wieder gibt es Überlegungen, Schutzgebiete zu verbinden, auch,
um den Genpool der Tiere zu vergrößern. Würde so etwas mit den beiden
in der Karte eingezeichneten großen Schutzgebieten möglich und sinnvoll
sein?

# 》emporgeklettert

*Erstaunliche Entwicklungen in Südkorea*

Fährt man heute mit dem Zug quer durch Südkorea, erblickt man sie verein-zelt noch: Reisbauern, die, bedeckt mit einem typischen asiatischen Kegel-hut, Setzling für Setzling eine Pflanze nach der anderen per Hand in den mit Wasser bedeckten Ackerboden stecken.

Erreicht man anschließend die Hightechmetropole Seoul, könnte der Kon-trast nicht größer sein.

Südkorea ist innerhalb einer Zeitspanne von nur zwei Generationen von einem Agrarstaat, der nach dem Ende des Koreakrieges 1953 komplett in Trümmern lag, zu einer der führenden Wirtschaftsnationen der Welt heran-gewachsen. Treibender Motor dieser Entwicklung ist die Metropolregion rund um die Hauptstadt Seoul, in der heute fast 20 Millionen Menschen leben.

Weil Gebirgslandlandschaften im Norden, Osten und Süden eine weitere Ausdehnung verhindern, entschied die Regierung, neue Sonderwirtschafts-zonen, Technologieparks und Wohnbereiche in westlicher Richtung anzule-gen und damit das Verschmelzen mit der Nachbarstadt Incheon einzuleiten. Um Platz für einen internationalen Großflughafen und einen neuen Con-tainerhafen zu schaffen, wurden nahe der Küste sogar künstliche Inseln im Gelben Meer aufgeschüttet. Besondere Beachtung erlangte hierbei auch die in nur zehn Jahren komplett neu errichtete »Smart City« Songdo, eine vollautomatisierte digitale Hightechstadt, in der sich unter anderem eine Universität und ein internationales Kongresszentrum befinden. Ziel Südko-reas ist es, die Region zur zentralen Drehscheibe in Fernost zu entwickeln. Gut möglich, dass dies ebenfalls gelingt.

37° 33′ 04″N 126° 59′ 18″O

*Traditionelle und moderne Bauformen in Seoul.*

# ⟫ Fragen

## ANKOMMEN

1 Zwei Autobahnen, Expressways genannt, führen von dem auf einer Insel gelegenen Großflughafen Incheon International Airport landeinwärts. Welche Nummern tragen sie?

2 Welche dieser beiden Autobahnen würde man benutzen, wenn man nach seiner Ankunft am Flughafen mit einem Mietwagen möglichst schnell die »Smart City« Songdo erreichen wollte?

3 Über einen der beiden Expressways wäre es zudem möglich, zu dem Flughafen zu kommen, über den bis 2001 – also bis zur Eröffnung des Incheon International Airport – der internationale Flugverkehr in der Metropolregion Seoul abgewickelt wurde. Wie heißt dieser Flughafen?

## AUFWÄRMEN

4 Welcher Fluss fließt durch Seoul?

5 Wie lautet der Name des Nationalparks, der auf der Karte nördlich des Stadtzentrums von Seoul zu finden ist?

6 Wohin führt in dem Kartenausschnitt der Expressway 100?

## DURCHSTARTEN

7 Eine der in Südkorea verbreiteten Religionen ist der Buddhismus. Wie viele Tempelanlagen-Symbole sind in dem Kartenausschnitt eingetragen?

8 Seit 1953 trennt eine vier Kilometer breite demilitarisierte Zone Südkorea vom kommunistisch regierten Brudervolk in Nordkorea. Diese Sperrzone, als rötliches Band deutlich auf der Karte zu erkennen, darf niemand ohne ausdrückliche Genehmigung einer neutralen Kommission betreten. Welche Folgen hat diese Zone für die Stadt Seoul bezüglich der Schifffahrt?

# 》ausgewachsen

*In der Megacity Tokio*

Es sind enorme Zahlen: Um weitere 2,1 Milliarden auf dann rund 9,8 Milliarden Menschen wird die Weltbevölkerung bis 2050 voraussichtlich wachsen, und vor allem Städte werden diesen Zuwachs aufnehmen. Schon heute gibt es 33 Megastädte, bis 2030 werden zehn dazukommen. Die größte von ihnen: Tokio. In dem japanischen Ballungszentrum leben 37,5 Millionen Menschen – allein in der Kernstadt, einer Fläche doppelt so groß wie München, sind es 9,4 Millionen.

Das historische Zentrum dieser Megacity ist der auf einer Anhöhe gelegene Kaiserpalast. Bis Ende des 16. Jahrhunderts fand sich an dieser Stelle kaum mehr als ein Fischerdorf. Rivalisierende Clans japanischer Feudalherren rangen zu jener Zeit um die Macht. Shogun Tokugawa Ieyasu hatte letztlich ganz Japan in Besitz und schwang sich zum alleinigen Herrscher auf, mit mehr Einfluss als der Kaiser selbst. Er machte das Fleckchen Erde, das damals noch Edo hieß, zu seinem neuen Herrschaftssitz. Erst 1868, als die kaiserlichen Truppen über die des Shoguns siegten, zog der Kaiser hierher um. Die Stadt wurde Regierungssitz und erhielt ihren heutigen Namen Tokio (Östliche Hauptstadt).

Bereits früh war Tokio dabei eine Stadt der Superlative und knackte spätestens in den 1880er-Jahren die Eine-Millionen-Einwohnermarke. Doch inzwischen scheint Tokios Wachstum vorbei zu sein. Die Bevölkerung wird, so die Prognosen, bis 2050 um etwas mehr als zwei Prozent schrumpfen. Derweil setzt Delhi zum Sprung an die Megacity-Spitze an.

Tausende Menschen gleichzeitig queren an lauen Abenden die Alle-gehen-Kreuzung im Stadtteil Shibuya.

# 》Fragen

## ANKOMMEN

1 Grün und unverkennbar in der Karte: die Kaiserpalast-Anlagen. Wie heißt die große Straße, die den Palastbezirk (in weiten Teilen) umläuft?
2 Wie viele Metrostationen gibt es an der in Frage 1 gesuchten Straße?
3 Welches Museum liegt besonders nah zum östlicheren der in Frage 2 gezählten Orte?

## AUFWÄRMEN

4 Aus welcher Richtung steuert man die Kaiserlichen Anlagen an, wenn man mit einem Zug aus anderen Teilen Japans anreist?
5 Nur ein kleiner Teil des kaiserlichen Palastgartens ist für öffentliche Besuche zugänglich. Welcher andere Park ganz in der Nähe bietet sich als Ausweichziel für Erholungssuchende an?

## DURCHSTARTEN

6 Woran ist erkennbar, dass im Kartenausschnitt auch heute die Fäden der Macht zusammenlaufen?
7 Vor allem im unteren Kartenteil rechts ist zu sehen, dass viele Straßen in Tokio einem rechteckigen Raster folgen. Was lässt sich daraus schließen?

# » angebaut

## *In den Waldgärten von Kandy*

Die biologische Vielfalt in Sri Lanka ist enorm: Hier wachsen Pappelfeigen und Dattelpflaumen, Eisenholz- und Flohbäume. Hier leben neben den als heilig verehrten Elefanten auch Lippenbären und Sambarhirsche, Hutaffen und Riesenhörnchen, ebenso wie allerlei Amphibien und Vögel. Weil viele dieser zahlreichen Arten nur in Sri Lanka vorkommen und ihr Lebensraum immer stärker bedroht ist, gilt der Inselstaat als einer der weltweit knapp 40 Biodiversitäts-Hotspots.

Unterstützt durch internationale Nichtregierungsorganisationen wird inzwischen versucht, Landschaften komplett unter Schutz zu stellen oder landwirtschaftliche Nutzung so zu gestalten, dass sie besonders naturnah und nachhaltig ist.

Eine solche Landschaft findet man im bergigen Inland von Sri Lanka. Dort erstrecken sich Waldgärten, vor Ort besser unter dem Namen Kandyan Home Gardens bekannt. Waldgärten gibt es seit Menschengedenken, sie entstanden an dschungelbedeckten Flussufern sowie in feuchten Monsunregionen. Vergleichbar der Struktur eines jungen Waldes wächst hier eine junge Pflanzengemeinschaft – vor allem Kräuter, mehrjährige Gemüse sowie Sträucher, Nuss- und Obstbäume – in einer Vielzahl von Schichten.

Die Waldgärten in Sri Lanka gewähren den Menschen ein Einkommen, gleichzeitig begünstigen sie die biologische Diversität. Mit all ihren Vorteilen gelten sie als sehr aussichtsreich, sind aber trotz allem durch die größeren Gewinn versprechende Plantagenwirtschaft zunehmend unter Druck.

Wirkt wie Urwald, ist aber ein Garten nahe Kandy.

# ⟫ Fragen

## ANKOMMEN

1  Im Hochland von Kandy gibt es zahlreiche Wasserfälle. Wie viele sind im Kartenausschnitt durch ein Piktogramm erkennbar?
2  Aus wie vielen Richtungen erreicht man das zentrale Bergland (Central Province) rund um Kandy mit dem Zug?

## AUFWÄRMEN

3  Sri Lanka fasziniert unter anderem mit seinen vielen buddhistischen Tempeln. Wie heißt der bedeutende Tempel in Kandy?
4  In welchem Ort startet man die Wanderung, die zum Ende der (kleinen) Welt führt?
5  Wie heißt die Bergregion, in der sich der in Frage 4 gesuchte Ort befindet?
6  Bis auf welche Höhe reichen die Berge in der in Frage 5 gesuchten Bergregion?

## DURCHSTARTEN

7  Tea Time: Sri Lanka gehört zu den größten Tee-Erzeugern, der weltbekannte Tee stammt vor allem aus den Hochland-Plantagen. Welche Einrichtung im Kartenausschnitt gibt einen Hinweis auf die Teeproduktion?
8  Gelangen Bahnreisende mit dem Zug von Kandy nach Nuwara Eliya?

# 》 ausgeklügelt

*Beeindruckende Millimeterarbeit in Thailand*

Nein, auf diesem Bild ist absolut nichts Außergewöhnliches zu sehen! Alles vollkommen normal – und das nun schon seit über 100 Jahren.

Seit man sich erinnern kann, war an dieser Stelle ein Markt, boten Händler ihre Waren an, preiswertes regionales Obst, Gemüse und vor allem Fisch, dann kam die Eisenbahn. Ingenieure fanden, hier entlang wäre die günstigste Strecke zum Bau der Bahn mit einem Endbahnhof direkt am Fluss Mae Klong. Große Mengen Fisch sollten – von kleinen Booten auf den Zug verladen – von dort in die 60 Kilometer entfernte Hauptstadt Bangkok rollen. Die Eisenbahngesellschaft kaufte das Land und verhandelte mit den Marktbetreibern. Keiner wollte jedoch weichen, alle Seiten blieben stur, und so musste eben beides gehen.

Seit 1907 rollt die Bahn nun schon. Derzeit bis zu acht Mal pro Tag, aber man hat sich arrangiert. Die Händler zahlen die ortsüblichen Marktgebühren an die Eisenbahngesellschaft, und deren Züge geben Signal, sobald sie den 200 Meter langen Markt passieren wollen. Dann wird es hektisch entlang des Gleises. Standbetreiber klappen ihre schattenspendenden Markisen zurück, ziehen ihre Tische von den Schienen, und die Einkäufer quetschen sich in irgendwelche Nischen. Was vom Zug unbeschadet überrollt werden kann, bleibt liegen, man hat Routine bei den Abmessungen. Kaum ist der Zug vorbei, muss alles wieder retour.

In einem Interview wurde eine der Markthändlerinnen einmal gefragt, ob das ständige Auf- und Abbauen nicht nervig sei. »Nein«, hat sie geantwortet, das halte fit und außerdem sei es praktisch, dass die Kunden nach dem Einkauf gleich mit dem Zug von der Station nebenan nach Hause fahren könnten.

*Acht Züge durchqueren pro Tag den Markt von Mae Klong.*

# ≫ Fragen

## ANKOMMEN

**1**  Auf dem Kartenausschnitt ist das nördliche Ende des Golfs von Thailand zu sehen. Welchen Namen trägt die Bucht hier?

**2**  Wie kommt man auf kürzestem Weg von der Küstenstadt Pattaya zur Stadt Hua Hin?

**3**  Wie heißt der Fluss, der Bangkok von Nord nach Süd durchfließt?

## AUFWÄRMEN

**4**  Der Eisenbahnmarkt liegt unweit des Endbahnhofes Mae Klong an einer Bahnstrecke, die Bangkok in südwestlicher Richtung verlässt und dicht am Meer entlang verläuft. Wie heißt die Stadt, in der sich der Markt befindet?

**5**  Wo auf der Karte versteckt sich ein Elefant?

**6**  Welche wasserbauliche und touristische Sehenswürdigkeit erreicht man, wenn man folgende Strecke mit dem Auto zurücklegt: Von Bangkok über die Schnellstraße 1 nach Norden. Abbiegen auf die Schnellstraße 21 bis zur Kreuzung mit der Straße 205. Von hier weiter Richtung Osten, bis die Straße 205 eine scharfe Biegung in Richtung Norden macht.

## DURCHSTARTEN

**7**  Fährt man dagegen von Bangkok aus über die Schnellstraße 4 in westlicher Richtung und biegt ab auf die Schnellstraße 323, erreicht man an der nächsten querenden Eisenbahnlinie eine Sehenswürdigkeit, die durch einen Roman und dessen Verfilmung weltberühmt wurde. Wie lautet ihr Name?

**8**  Unmittelbar zwischen der Bahnstrecke zum Eisenbahnmarkt und dem Meer ist auf der Karte ein Band von grünen Flächen zu sehen, die mit blauen Linien umrandet sind. Was wird hier vermutlich produziert?

# 》angerichtet

*Die Hawker Center in Singapur*

Vielleicht wäre die Welt ein klein wenig besser, gäbe es die Hawker Center überall, in jedem Erdteil und in jeder Stadt. Dabei geschieht in diesen halboffenen Gebäuden im Grunde nichts Ungewöhnliches, ganz im Gegenteil: Hier wird gekocht und hier wird gegessen. Entscheidend ist allerdings das »wie«, und das ist untrennbar mit dem Charakter Singapurs verbunden.

Der kleine Stadtstaat an der Südspitze der Malaiischen Halbinsel gilt als das wichtigste Verkehrs- und Handelszentrum Südostasiens mit hoher Lebensqualität, aber auch mit hohen Lebenshaltungskosten. Seit jeher zog es Menschen aus allen Staaten Asiens dorthin. Sie brachten ihre jeweilige Esskultur mit in die Stadt, und manche von ihnen verdienten sich ihr Einkommen mit der Zubereitung heimischer Spezialitäten in winzigen Garküchen sowie dem anschließenden Verkauf für kleines Geld entlang der Straßen.

Dieses Treiben der Straßenhändler – im Englischen werden sie *hawker* genannt – kollidierte jedoch mit dem hohen Sauberkeitsbestreben Singapurs. Die Regierung befürchtete, dass Hygienestandards nicht eingehalten würden. Daher beschloss sie, größere gut durchlüftete Gebäude an zahlreichen Verkehrsknotenpunkten und in Wohngebieten zu errichten. In ihnen bieten nun jeweils 20 bis 30 niedergelassene Händler ihre Speisen an; manchmal ist es nur ein einziges besonderes Gericht.

Egal, ob man als Kunde das Essen mit nach Hause nimmt oder gleich vor Ort an einem der großen Tische verspeist: In Singapur genießt man den Luxus, in unmittelbarer Nachbarschaft die ganze Bandbreite der Küche Asiens zur Auswahl zu haben – zu einem erschwinglichen Preis und mit Liebe zubereitet.

01° 18' 12"N 103° 51' 50"O

*Blick in eines der insgesamt über 100 Hawker Center in Singapur.*

# » Fragen

## ANKOMMEN

**1** Auf der Karte ist Singapur an der Südspitze der Malaiischen Halbinsel mit seiner englischen Schreibweise eingetragen. Wie lautet diese?

**2** Welcher Staat grenzt im Norden der Karte an den Staat Malaysia?

**3** Wie heißt die Meeresstraße, die zwischen Singapur und der Nachbarinsel Sumatra verläuft?

## AUFWÄRMEN

**4** In Singapur herrscht wegen seiner Lage nahe am Äquator ganzjährig ein tropisch-feuchtes Klima mit einer Durchschnittstemperatur von etwa 28 Grad Celsius. Befindet sich die Stadt auf der Nord- oder Südhalbkugel der Erde?

**5** Zu welchem Archipel gehören die Inseln Siberut, Sipora, Pagai Utara und Pagai Selatan?

**6** Gegenüber der Inselgruppe aus Frage 5 lebt auf Sumatra entlang der Küste das indonesische Volk der Minangkabau. Das Zusammenleben in ihrer Kultur ist matriarchalisch geregelt. Traditionell ist der Besitz von Haus und Ackerboden den Frauen vorbehalten, die ihn wiederum an ihre Töchter vererben. Das kulturelle Zentrum dieses Volkes befindet sich in einer Stadt, die man auf der Straße von Padang nordwärts erreicht, wenn man die Stadt Pandangpanjang hinter sich lässt. Wie heißt dieser Ort?

## DURCHSTARTEN

**7** Kann man auf der Insel Sumatra zwischen den Städten Medan und Padang mit der Eisenbahn reisen?

**8** Wie heißt der See südlich der Stadt Medan und welchen Ursprung könnte seine rundliche Form haben, wenn man weiß, dass Indonesien auf dem zirkumpazifischen Feuerring liegt?

#》 weggetauscht

*Die Gewürzinseln in Indonesien*

Heute kann man sie in jedem Supermarkt erstehen, für kleines Geld und soviel man will. Vor 400 Jahren jedoch waren sie eine absolute Rarität und wurden in Europa allerorts mit Gold aufgewogen. Die Rede ist von Gewürzen wie Muskatnuss, Gewürznelke oder Zimt.

Ihr starker Duft besaß zu jener Zeit den Ruf, ein wirksames Abwehrmittel gegen die Seuche der Pest zu sein. Weil ihr Anbaugebiet, insbesondere das der Muskatnuss, damals auf die Banda-Inseln, eine Handvoll kleiner Eilande im tiefen Osten der indonesischen Inselwelt, begrenzt war, bedeutete deren Besitz eine Quelle ungeheuren Reichtums. So wurden diese Gewürzinseln zum Schauplatz kriegerischer Auseinandersetzungen der konkurrierenden Kolonialmächte, verbunden mit unbeschreibbaren Bluttaten gegenüber der auf den Inseln ansässigen Bevölkerung.

Es waren schließlich die Niederländer, die um 1600 die Portugiesen von den Inseln vertrieben und dort Plantagen für die Gewürzgewinnung anlegten. Federführend bei dieser Kolonialisierung war die Ostindien-Kompanie, eine private Handelsgesellschaft, die mit dem Verkauf der Gewürze in Europa gigantische Gewinne erzielte.

Auch die Engländer versuchten auf den Bandas Fuß zu fassen. Von der Insel Ai konnten die Niederländer sie militärisch vertreiben, auf der Insel Run jedoch gelang dies nur durch einen Vertrag – sie tauschten Run gegen eine damals in niederländischem Besitz befindliche Insel in Nordamerika, die Insel Manhattan! Bedenkt man, dass die Engländer bei ihrem Rückzug insgeheim Setzlinge der Muskatnussbäume mitnahmen und somit das Monopol der Banda-Inseln brachen, war das aus heutiger Sicht eher ein ungleicher Tausch.

04° 31' 37"S 129° 53' 40"O

Neben der Muskatnuss wird auch die Muskatblüte (Macis) als Gewürz verwendet.

#》 Fragen

## ANKOMMEN

1 Die Kepulauan Banda (Banda-Inseln; *kepulauan* ist das indonesische Wort für Inselgruppe) liegen in der Bandasee (auf der Karte: Banda Sea). Welchen Namen trägt die Hauptinsel der Banda-Gruppe?

2 Die Banda-Inseln gehören zu der größeren Inselgruppe der Molukken (indonesischer Name: Maluku). Wie heißt die nächste größere Stadt nordwestlich der Banda-Inseln?

3 Die Molukken wiederum bilden einen Teil des etwa 17 000 Inseln umfassenden Staates Indonesien. Dieser wurde 1945 gegründet und erreichte damit die Unabhängigkeit von seinen ehemaligen Kolonialmächten. Welcher Nachbarstaat Indonesiens ist auf der Karte im Norden zu erkennen?

## AUFWÄRMEN

4 Wie groß ist in etwa die Entfernung zwischen den Banda-Inseln und der Südküste der Insel Seram?

5 Auf der Karte verbirgt sich ein Nationalpark, in dem besonders viele Tierarten leben. Man trifft sie ausschließlich auf der Insel an, die diesen Park beheimatet. Wie heißen der Nationalpark und die Insel?

6 Wie viele Flughäfen zeigt der Kartenausschnitt auf dem indonesischen Territorium?

## DURCHSTARTEN

7 Wie die meisten Karten ist auch dieser Ausschnitt »genordet«: Der obere Kartenrand weist nach Norden, also in Richtung des Nordpols. Befinden sich die Banda-Inseln auf der Nord- oder Südhalbkugel der Erde?

8 Für welche Stadt auf dem Kartenausschnitt lässt sich nicht eindeutig sagen, auf welcher Erdhalbkugel sie liegt?

Tungawan
Sibuco
Parang
Cotabato City
Panabo **Tagum** Caraga
Kidapawan **Davao City**
**Zamboanga City** Kanemi Upi Digos Mati
Isabela Kalamansig Santa Maria Lupon
Lamitan Islan Tacurong Koronadal
Maluso Palimbang **General Santos City**
**PHILIPPINES** Maitum Alabel Jose Abad Santos
Maasim Glan

*Philippine*
*Sea*

0    100    200 km

*Pacific*

*Ocean*

*C e l e b e s   S e a*
Talaud

Tahuna Sangihe

Mahuneni Siau
Tahulandang Morotai Pangeo
Biaro Sosupu Sangowo
Daruba
Pulau Galela Tobelo
Bunaken Tangkoko-Batuangus-Dua Kahatola Iga Akelamo
Saudara Nature Reserve Tanao Wudu Mayu Jailolo Kao
*M i n a h a s a* **Manado** ● **Bitung** G. Manawu Subaim Buli
Tara Tara Tenga Tondano Amurang Ternate Ekor *Halmahera*
Paleleh Boroko Inobonto Belang Ternate Sofifi Waci *Halmahera Sea*
Molinggapote Bogani Nani Kotamogabu Tidore
Limboto Wartabone Nuangan Mare Moti Patani
*arisa* **Gorontalo** National Park Molibagu Makian Maidi *Weda*
Equator Akelamo *Bay* Gebe Kacepi Kabolaa Kaba
*M o l u c c a   S e a* Dolit Saketa Gag Rabia
Boalemo Ruta Gani Batanta Gam Waig
*nta* Poh Teku Kasiruta Labuha Sorong
Mondono Luwuk Peleng Mandioli Bacan Sailof Samata Sege
Batui Tataba Bisa *M* Torobi Salawati
Donggi Kembani Sambiat Taliabu Laiwul Sesepe *a* Sailolof
*olo Bay* Menanga Mangole Obi Fluk *l* Atkri Fagita
*Kepulauan Banggai* Wayhaya Dofa Sanana *u* Misool
*husuai* Wendi Sanana
*K e p u l a u a n   S u l a* Waygay *M* *S e r a m   S e a*
Bayu Latuhelu Wahai Kobi Hoti
Wawalalindu Bara Wapotih Boano Piru Amahai Seram Bemu
Manui Namlea Kelang Serikambelo (Masohi) Rumahkal Tehoru Waru
Lembo Fogi G. Kaplamada Tifu Oki Passo Saparua Undur
*tobi* Kendari 2729m Buru Ambon Haruku
*rate* Munse **Ambon**
Kolono Wowoni *M A L U K U*
Torobulu Ereke
Daule Raha Run Ai Banda Naira
Muna Buton *B a n d a   S e a* Kepulauan Banda
Waogena (Butung)
Baubau Pasarwajo Kepulauan
Tukangbesi

# ⟫ ausgetrocknet
*Bootsrennen in Alice Springs*

Wer sich ein wenig in der Geografie Australiens auskennt, dem mag der Titel dieser Landkarten-Rätselreise etwas absurd vorkommen, liegt Alice Springs doch mitten in der heißen Wüstenregion des Kontinents, von schiffbaren Gewässern ringsherum keine Spur.

Ein Fluss mit dem Namen Todd befindet sich zwar in der Nähe der Stadt, doch ist er, wenn überhaupt, nur für wenige Tage im Jahr mit Wasser gefüllt. In der restlichen Zeit, also praktisch immer, fällt der Fluss trocken und sein Bett wird mit Staub und Sand bedeckt. All diese Widrigkeiten halten mehrere Rotary Clubs der Region jedoch nicht davon ab, hier regelmäßig Bootsrennen zu organisieren.

In Anlehnung an die traditionsreichen englischen Ruderwettbewerbe, die jeden Sommer auf der Themse nahe der Stadt Henley-on-Thames ausgetragen werden, nannten sie ihre Rennen Henley-on-Todd Regatta und schufen damit das zentrale Element eines Festivals, bei dem im großen Umfang Spenden für wohltätige Zwecke gesammelt werden. Die jeweiligen Mannschaften treten in Bootsklassen gegeneinander an, doch im Gegensatz zu ihren englischen Originalen besitzen die bootsähnlichen Konstrukte keinen Rumpf. Stattdessen befinden sich an dieser Stelle die Beine der »Ruderer«, die nach dem Start nur eines im Sinn haben, ihr Vehikel entlang eines mit Bojen abgesteckten Parcours rennend als Erste durchs Ziel zu tragen. Auch »Jachten« treten auf diese Weise gegeneinander an.

Das Festival ist dementsprechend ein riesengroßer Spaß und lockt seit 1960 jährlich Tausende von Touristen an. Abgesehen von einer Pause während der Corona-Pandemie musste es bislang nur einmal ausfallen, denn im Jahre 1993 wurde der Fluss gesperrt – er führte Wasser.

*Ein Achter ohne Steuermann bei der Henley-on-Todd Regatta in Alice Springs.*

# » Fragen

## ANKOMMEN

1. Alice Springs mit seinen etwa 24 000 Einwohnern ist die einzige größere Stadt im dünn besiedelten Zentrum des Kontinentes oder – wie die Australier auch gerne sagen – im Outback. Welche Nummer trägt die Fernstraße (Highway), die durch den Ort führt?
2. Welchen Namen trägt die Eisenbahnlinie, die man für eine Fahrt nach Alice Springs nutzen könnte?
3. Wie heißt die Gebirgskette, an deren Rand Alice Springs liegt?

## AUFWÄRMEN

4. Wie werden die beiden Salzseen bezeichnet, die im Südwesten der Karte mit ihren jeweiligen englischen Namen eingetragen sind?
5. Im Zentrum des australischen Kontinents befinden sich zahlreiche Siedlungsgebiete der Aborigines, was übersetzt Ureinwohner bedeutet. Dies ist ein Sammelbegriff unterschiedlicher indigener Bevölkerungsgruppen, die in Australien bereits seit über 40 000 Jahren einheimisch sind. Wie lautet der Name des Siedlungsgebietes, das nördlich von Alice Springs der Stadt am nächsten liegt?
6. Welche berühmte Sehenswürdigkeit Australiens erreicht man, wenn man den Lasseter Highway in westlicher Richtung befährt?

## DURCHSTARTEN

7. Wie heißt der höchste Berg, der in diesem Kartenausschnitt verzeichnet ist?
8. Die Flugzeuge, die den Airport in Alice Springs erreichen, haben häufig mehrere Tausend Kilometer Flugstrecke absolviert. Wie aber heißt die Stelle, an der etwas gelandet ist, das bereits eine Reise von vielen Lichtjahren hinter sich hatte?

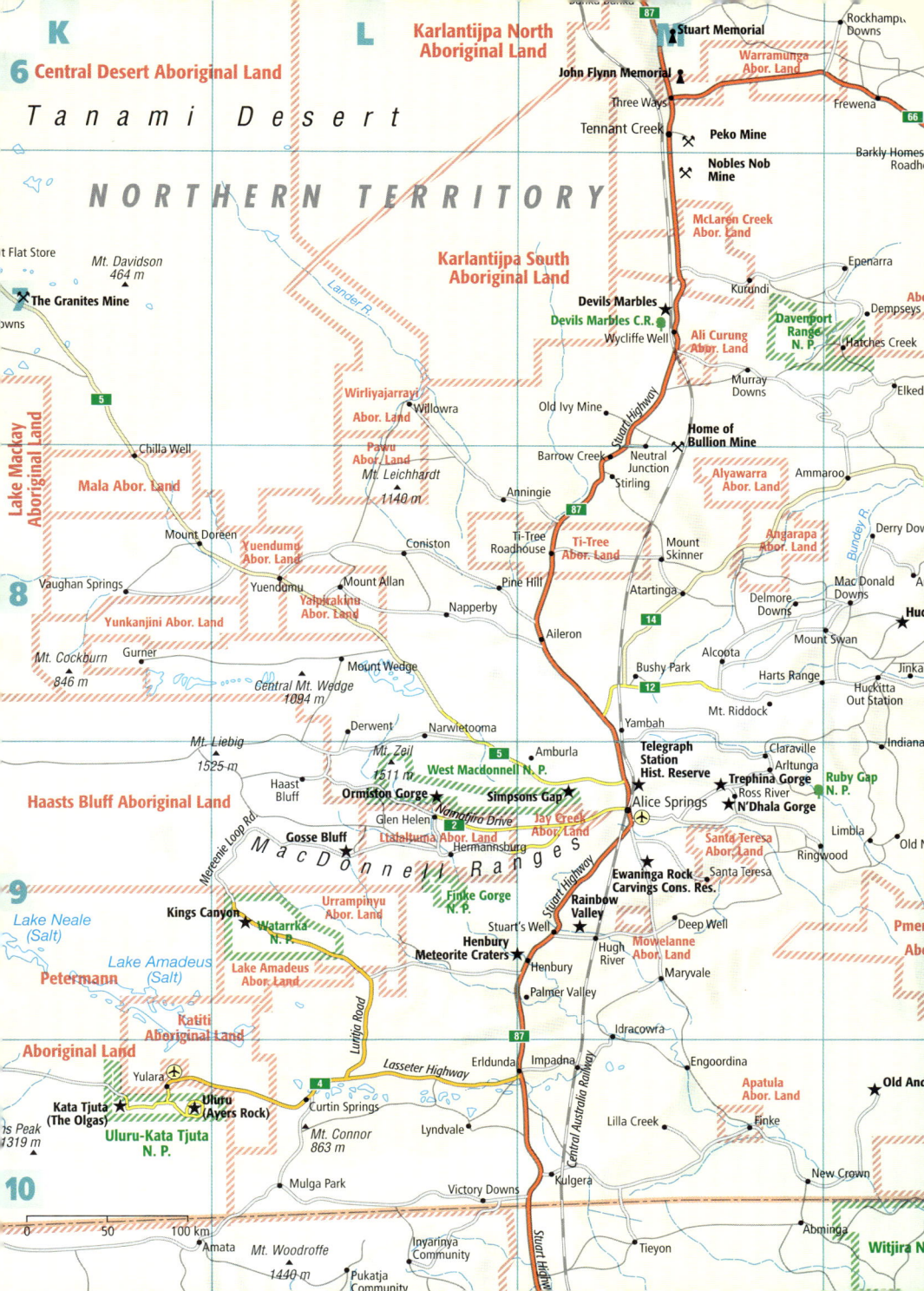

# » angezählt

## *Veränderungen im Great Barrier Reef Australiens*

Es ist das größte von Lebewesen geschaffene Gebilde der Welt und zugleich auch eines der fragilsten. Das über 2300 Kilometer lange Great Barrier Reef vor der Nordostküste Australiens verdankt seine Entstehung einzig und allein den Korallen. Diese Organismen, die in den tropischen Meeresregionen unserer Erde leben, sehen aus wie Unterwasserblumen, sind aber Tiere, die ihr ganzes Leben lang am gleichen Ort haften bleiben. Durch ständige Kalkablagerungen formten einige Arten unter ihnen über Jahrtausende hinweg gigantische Riffe und bieten dadurch Schutz und Lebensraum für eine sehr große Vielzahl von Meereslebewesen. Wissenschaftler halten die Riffe für die wertvollsten Ökosysteme der Erde.

Sie sind allerdings in Gefahr, weil sich etwas grundlegend zu ändern beginnt, was über die vergangenen Jahrtausende im Mittel stets konstant gewesen ist – die Lufttemperatur der Erde und in Folge dadurch die Wassertemperatur der Meere. Die stetige Erwärmung der letzten Jahrzehnte bringen gerade die kalkablagernden Korallenarten in starke Bedrängnis. Liegt die Temperatur des Wassers längere Zeit über 28 Grad Celsius, bleichen sie zunächst aus. Tritt keine dauerhafte Abkühlung mehr ein, sterben sie ab. Verstärkt wird die Zerstörung der Riffe durch die ansteigende Menge von Kohlendioxid in der Atmosphäre. Dieses löst sich in Folge verstärkt im Meerwasser und führt zu einem höheren Säuregrad des Wassers. Dadurch wiederum wird der Kalk in den Riffen schneller abgebaut, als die Korallen in der Lage sind, ihn abzulagern. Und schließlich verschwinden die Korallenriffe, was abgesehen vom Verlust des Ökosystems auch dazu führen wird, dass an diesen Stellen Meereswellen ungebremst an die Küsten des Landes branden werden.

*Korallenriffe bieten den perfekten Lebensraum für Fische und andere Meerestiere.*

# 》Fragen

## ANKOMMEN

**1** Um das zentrale Gebiet des Great Barrier Reef (*reef* = Riff) zu bewahren, wurde die ganze Region zu einer Schutzzone erklärt. Wie lautet dessen genaue Bezeichnung?

**2** Welches Korallenriff liegt außerhalb des Schutzgebietes von Frage 1?

**3** Wie heißt die größte Stadt, die in dem Kartenausschnitt zu sehen ist?

## AUFWÄRMEN

**4** Entlang der Ostküste Australiens findet man zahlreiche Nationalparks (abgekürzt N. P.). Ihre Namen werden auf der Karte mit grüner Schrift und – sofern sie sich nur über eine kleine Fläche erstrecken – mit einem grünen Baumsymbol dargestellt. Wie heißt der Nationalpark nördlich der Küstenstadt Gladstone?

**5** Eine Bucht (englisch: *bay*) in diesem Kartenausschnitt ist berühmt für das Beobachten von Buckelwalen. Sie gehört zu dem Küstenabschnitt, der Coral Coast (Korallenküste) genannt wird. Wie lautet ihr Name?

**6** Welchen Ort erreicht man, wenn man von der Küstenstadt Bundaberg in westlicher Richtung fährt und auf die Fernstraße 1 abbiegt?

## DURCHSTARTEN

**7** Entlang der Küste schlängelt sich die Fernstraße (Highway) 1. Sie ist die Verbindung zwischen den außerhalb des Kartenausschnittes gelegenen Metropolen Brisbane und Cairns. Welchen Beinamen trägt sie?

**8** Die Nordostküste Australiens ist vergleichsweise dünn besiedelt. Traditionell nutzen hier die meisten Bewohner ein Automobil. Dennoch sind auf der Karte auch abseits der Küste mehrere grau-weiß gestrichelte Eisenbahnstrecken eingetragen. Wofür dürften sie genutzt werden?

# » unvergessen

*Der Lake Pedder in Tasmanien*

Wild und abgeschieden mit rauem, wechselhaftem Wetter gibt sich die Natur im Südwesten von Tasmanien. Dort findet sich der größte der heute 19 Nationalparks der australischen Insel, der South West National Park. Seine Anfänge gehen auf einen kleineren Park zurück, der 1955 rund um Lake Pedder gegründet wurde. Dieser alpine Gletschersee, eingebettet in unberührte Bergketten und verziert mit einem rosafarbenen Quarzitstrand, galt einst als das Juwel im Herzen des Schutzgebietes. Bis 1972, als aufgestautes Wasser eines großen Kraftwerks allmählich begann, Lake Pedder zu überschwemmen. Dem vorausgegangen war ein mehrjähriger Kampf. Wasserkraft, so das Versprechen der 1960er-Jahre, würde das Leben einfacher machen. Doch als 1967 öffentlich wurde, dass mitten im bestehenden Nationalpark drei Staudämme errichtet werden sollten, regte sich Widerspruch. 10 000 Tasmanierinnen und Tasmanier unterschrieben eine Petition, die ans Inselparlament ging. Der Widerstand wuchs bald auch über Tasmanien hinaus und erfasste ganz Australien. Im März 1972 formierte sich im Kampf um Lake Pedder die weltweit erste grüne Partei, die United Tasmania Group (UTG).

Allen Widerständen zum Trotz ging das Kraftwerk in Betrieb, aber Umweltfragen hielten von nun an Einzug in die Politik. Auch der Kampf um Lake Pedder fand nie wirklich ein Ende. Inzwischen gewinnt die Idee, den See zu renaturieren, wieder an Fahrt. Denn die Vereinten Nationen haben 2021 bis 2030 zum Jahrzehnt der Wiederherstellung von Ökosystemen erklärt und zu Projekten aufgerufen, Wälder aufzuforsten, Dämme zu entfernen, Feuchtgebiete zu rehabilitieren. Wie werden unsere Landkarten in 50 Jahren aussehen?

*Fast schon mystisch: Gewitterstimmung am Lake Pedder.*

# » Fragen

## ANKOMMEN

**1** Tasmanien ist die Hauptinsel des gleichnamigen australischen Bundes-staates. Wie viele der zahlreichen Nationalparks der Insel sind im Karten-ausschnitt zu erkennen?

**2** Wie heißt die Meerenge zwischen Tasmanien und dem australischen Festland?

**3** Ist Lake Pedder in der Karte eingezeichnet?

## AUFWÄRMEN

**4** Wo landet man laut Karte, wenn man mit dem Flugzeug auf die Insel kommen möchte?

**5** In welche Stadt Australiens geht eine regelmäßige Fährverbindung von Tasmanien?

## DURCHSTARTEN

**6** Der South West National Park gilt als besonders wild und unzugänglich. Ließe sich überhaupt mit dem Auto in den Park kommen?

**7** Wie hoch ist wohl der höchste Punkt Tasmaniens?

# 》 zweifelhaft

## *Frühes Ankern vor der Küste Neuseelands*

Poison Bay, Five Fingers Point, Two Thumb Bay ... – Giftbucht, Fünffingerpunkt, Zweidaumenbucht ... Schweifen die Augen über die Karte der neuseeländischen Küste, entdeckt man allerlei Namen, die klingen, als wollten sie sofort ihre kleine Anekdote oder große Geschichte erzählen.

Einer der bekanntesten Namen geht auf James Cook zurück. Ende des 18. Jahrhunderts reiste der angesehene Kapitän und talentierte Kartograf im Auftrag der britischen Royal Navy in die Südsee. Offiziell, um mehrere Wissenschaftler und ihre Instrumente wohlbehalten nach Tahiti hin- und wieder zurückzubringen. Doch er hatte noch eine ganz andere Aufgabe zu erledigen: Er sollte – wie andere Seefahrer seiner Zeit auch – Ausschau nach dem Südkontinent halten. Dieses unbekannte Land im Süden, Terra Australis Incognita, vermuteten Kartografen schon während der Antike am südlichsten Punkt der Erde, als Gegengewicht zu den Kontinenten im Norden.

Die geheime Suche Cooks blieb erfolglos. Stattdessen sichtete er eine Landmasse, die der Niederländer Abel Tasman gut 100 Jahre zuvor, in Anlehnung an die Provinz Zeeland, als Nieuw Zeeland grob umrissen in eine Seekarte eingezeichnet hatte.

Cook umsegelte nun sechs Monate die Küstenlinie der beiden Inseln und vermaß alles ganz genau. Als er mit seiner Mannschaft die vielfach tief eingeschnittene Südwestküste der Südinsel erreichte, wollte er im Mündungsbereich eines Meeresarms ankern. Unsicher, so ist es überliefert, ob dies hier gefahrlos ginge, gab er dem Gewässer in jenem Moment voller Zweifel seinen englischen Namen Doubtful Harbour. Heute ist der gesamte Meeresarm als Doubtful Sound bekannt.

45° 16' 26''S 166° 52' 12''O

# ≫ Fragen

## ANKOMMEN

**1** Wie viele *sounds* (Meeresarme) sind in der Karte eingezeichnet?

**2** Auf gut fünf Millionen Neuseeländerinnen und Neuseeländer kommen mehr als 100 Flughäfen und Landepisten. Wie viele davon sind im Kartenausschnitt zu sehen?

**3** Wie heißt das große Schutzgebiet an der Südwestküste?

## AUFWÄRMEN

**4** Auf welcher Fernstraße gelangt man weit in das in Frage 2 gesuchte Schutzgebiet?

**5** Auf der Karte gibt es mehrere bekannte (Weit-)Wanderwege. Welcher ist der nördlichste?

## DURCHSTARTEN

**6** Schriller Kontrapunkt zur weiten neuseeländischen Natur ist der größte Ort am Lake Wakatipu. Wie heißt er?

**7** An rund 150 Orten in Neuseeland ist zwischen 1999 und 2003 die Verfilmung des Fantasy-Romans »Der Herr der Ringe« entstanden, so wurden hier unter anderem Szenen vom »River Anduin« gedreht. Welche anderen Buch- und Film-Locations des englischen Originals von J. R. R. Tolkien sind auf der Karte zu finden?

**8** Lässt sich mithilfe der Karte sagen, ob es in Neuseeland Eisenbahnlinien gibt?

# ❯❯ umdatiert

## *Zeitgeschichten im Südpazifik*

Solange man die Linie nicht überschreitet, lebt man ungestört. Muss man jedoch über sie hinweg, beginnen die Verwicklungen. Die Rede ist von der Datumsgrenze im Pazifik. Ihre Wirkung zum ersten Mal gespürt haben die Überlebenden der Weltumseglung Magellans. In ihrem akribisch geführten Logbuch fehlte bei der Rückkehr nach Spanien ein kompletter Tag.

Heutzutage reicht schon ein Flug von Neuseeland nach Kalifornien, und man wundert sich, dass man sein Ziel bereits erreicht, bevor man überhaupt abgeflogen ist.

Eine Grenze zwischen dem Heute und dem Gestern einzuführen, wurde unumgänglich, weil die Erde eine Kugelform besitzt und sich im Weltall dreht. Auf einer Weltkonferenz im Jahre 1884 wurde hierzu der 180. Längengrad bestimmt. Diese Linie führt fast ausschließlich über die Wasserfläche des Pazifiks und damit abseits bewohnten Landes. Die Inseln des Südpazifiks jedoch befinden sich teilweise sehr dicht an diesem Längengrad oder werden sogar, wie im Falle der Fidschi-Inseln, von ihm durchquert. So kam es mit der Zeit zu örtlichen Verschiebungen der Datumsgrenze. Fidschi und Tonga verlegten ihre Kalender um einen Tag vor, um mit Australien gleichzuziehen, während sich die östlichen Samoainseln um 24 Stunden zurückfallen ließen, damit der Wochentag mit Amerika übereinstimmte. Einen weiteren Schub zur Verlegung brachte Silvester 1999. Man erhoffte sich einen Ansturm von Touristen, die als erste Menschen das Jahr 2000 begrüßen wollten. Die bizarrsten Verschiebungen der Datumsgrenze vollführte hierbei die nordöstlich von Samoa liegende Inselrepublik Kiribati, doch das wäre schon wieder eine andere Zeitgeschichte.

*Die Tongainsel Fukave ist von türkis schimmernden Korallenbänken umgeben.*

# 》Fragen

## ANKOMMEN

1 Wie beschrieben, verläuft die Datumsgrenze im Kartenausschnitt nicht genau auf dem 180. Längengrad. Liegt sie östlich oder westlich davon?
2 Die Namen der Inseln sind in leicht kursiver Schrift gesetzt, die Hauptorte einer Inselgruppe zusätzlich mit einem roten Punkt versehen. Wie heißen die größte Insel der Republik Fidschi sowie deren Hauptstadt?
3 Welche der Fidschi-Inseln überquert der 180. Längengrad?

## AUFWÄRMEN

4 Wie lautet der Name der Hauptstadt des Königreiches Tonga?
5 Welche Inselgruppe wird durch die Datumsgrenze in Gestern und Heute geteilt?
6 Während beispielsweise die Republik Fidschi und das Königreich Tonga unabhängige Staaten bilden, sind einige der Insel auch Überseegebiete anderer Länder. Welche Nationalität besitzen die Einwohner der Inselgruppe Wallis und Futuna?

## DURCHSTARTEN

7 Auf der Karte sind Meerestiefen farblich dargestellt. Je dunkler das Blau, desto tiefer liegt der Meeresboden unter dem Meeresspiegel. Die Zahlen in blauer Schrift geben dazu die maximalen Tiefen in Metern an. Welcher Wert hält den Rekord in diesem Kartenausschnitt?
8 Dieser Bereich der Südsee, der in dem Ausschnitt zu sehen ist, befindet sich mitten auf dem Pazifischen Feuerring. Alle größeren Inseln sind vulkanischen Ursprungs. Kleinere Eilande können jedoch auch von Korallen geschaffen worden sein. Bilden sie eine rundherum geschlossene Kette, spricht man von einem Atoll. Wie viele Atolle sind auf der Karte zu finden?

# » angezogen

*Meuterei in der Südsee*

Die Besatzung des Schiffs Seiner Majestät hatte im Jahre 1787 einen eigentlich recht unspektakulären Auftrag: Die HMS *Bounty* sollte im Auftrag der britischen Krone Stecklinge des auf der Südseeinsel Tahiti kultivierten Brotfruchtbaumes zu den in der Karibik gelegenen westindischen Kolonien transportieren.

Ihre Anreise aus England verzögerte sich jedoch so sehr, dass die Besatzung fünf Monate auf der Insel Tahiti pausieren musste, bis die nächste Vegetationsperiode des Baumes das Ziehen von Stecklingen wieder ermöglichte. Eine Strafe war das sicherlich nicht – die Seeleute genossen das gegenüber England wesentlich angenehmere Klima und vor allem die Freundlichkeit und Offenheit der hier lebenden Menschen.

Einige Matrosen gingen feste Beziehungen mit Tahitianerinnen ein, und so war der Aufbruch zur Weiterfahrt in die Karibik alles andere als heiß ersehnt. Als es nach etlichen Seemeilen Fahrt zu Streitereien an Bord kam, beschloss ein Teil der Matrosen, sich gegen den Kapitän aufzulehnen, ihn zu überwältigen und mit einigen seiner Getreuen auf einem Beiboot auszusetzen. Die Meuterer kehrten mit der *Bounty* zunächst zurück nach Tahiti. Weil sie sich aber darüber im Klaren waren, dass sie fortan von der britischen Admiralität wegen Meuterei verfolgt werden würden, nahmen einige ihre Frauen von der Insel mit an Bord und segelten weiter zur Insel Pitcairn. Diese war auf den damaligen Seekarten noch nicht verzeichnet. Um ihr Versteck nicht weithin sichtbar zu verraten, versenkten sie anschließend ihr Schiff im Meer. Und so leben noch heute auf Pitcairn etliche Nachfahren der Meuterer und ihrer tahitischen Frauen.

Sichtbar anderes Klima als in England: am Strand der Insel Moorea nordwestlich von Tahiti.

Rätselreise #25

# » Fragen

## ANKOMMEN

1 Tahiti ist heute die größte und wichtigste Insel des französischen Überseedepartements Französisch-Polynesien. Ihre Hauptstadt ist im Nordosten des Kartenausschnittes in Großbuchstaben eingetragen. Wie heißt sie?
2 Was haben Flugzeuge sehr schnell und unmittelbar unter sich, wenn sie auf dem Flughafen der Insel landen oder starten?
3 Der Flughafen liegt nicht auf dem Gebiet der Hauptstadt, sondern auf der Fläche einer Nachbargemeinde, die auch im offiziellen Namen des Aeroports genannt wird. Wie heißt sie?

## AUFWÄRMEN

4 Häfen werden auf der Karte mit einem blauen Anker dargestellt. Wie lautet der Name der kleinen Insel im Hafen der Stadt aus Frage 1?
5 Die gezackten blauen Linien im Meer unmittelbar vor der Küste stellen Korallenriffe dar. Dazwischen sind immer wieder einzelne Durchlässe (französisch: *passe*) eingezeichnet, über die Boote auch die Küste erreichen. Wie heißt der Durchgang zum Hafen von Paea?
6 Welchen Aussichtspunkt erreicht man, wenn man die Hauptstadt aus Frage 1 in nordöstlicher Richtung verlässt und in der Stadt Mahina die gelbe Straße bis zum Ende fährt?

## DURCHSTARTEN

7 In welchem Museum könnte man sich über die Geschichte Tahitis und der Nachbarinseln informieren?
8 Einfache unbefestigte Straßen werden auf der Karte als gestrichelte graue Linien, Aussichtspunkte mit einem grünen Strahlensymbol und Wasserfälle mit einem schwarzen duschstrahlähnlichen Piktogramm dargestellt. Wo treffen diese Elemente räumlich ganz dicht zusammen?

# ⟫ abgekürzt

*Verwirrendes vom Suezkanal*

Man konnte es drehen und wenden, wie man wollte, es passte einfach nicht zusammen: Jene Meldung aus dem Jahre 2015, dass ein zweiter Schifffahrts-kanal parallel zum bereits bestehenden Suezkanal eröffnet worden sei. Dadurch stünden nun zwei getrennt verlaufende Kanalstrecken für die Durchfahrt zur Verfügung. Und die Nachricht 2021, dass sich das Containerschiff *Ever Given* im Kanal festgefahren habe und damit die komplette Schiffsroute zwischen Asien und Europa blockiere. Beide Meldungen zusammen ergeben natürlich ein gedankliches Problem: Wie ist es möglich, dass *ein* Containerschiff gleichzeitig *zwei* Kanäle lahmlegt?

Ein klassischer Fall, bei dem letztendlich nur eine Karte Klarheit schaffen kann.

Der 1869 eröffnete Kanal verbindet die namensgebende Stadt Suez am Roten Meer mit der Mittelmeerhafenstadt Port Said und verkürzt dadurch den Seeweg zwischen Asien und Europa um mehr als 6000 Kilometer. Der Abschnitt bei der Stadt Ismailia erwies sich im Laufe des 20. Jahrhunderts zunehmend als Nadelöhr, weswegen man den 2015 eröffneten östlichen Kanalneubau realisierte. Dieser zweigt etwa 15 Kilometer nördlich von Ismailia vom alten Kanal ab und mündet in südlicher Richtung in den Bittersee. Die beiden verbleibenden Abschnitte jeweils nach Einfahrt in den Kanal bei Port Said beziehungsweise Suez sind weiterhin nur über einen Kanal passierbar – und just zehn Kilometer nördlich der Stadt Suez ereignete sich am 23. März 2021 die Havarie der *Ever Given*. Somit lässt sich zusammenfassen, dass die Meldung der Eröffnung eines zweiten Suezkanals – sagen wir – geografisch eher großzügig formuliert war.

Ein großer Bagger befreit die Ever Given am Ufer des Suezkanals von Erdreich.

# ⟩⟩Fragen

## ANKOMMEN

**1** Mit welchen Verkehrsmitteln könnte man über Land parallel zum Suezkanal auch reisen?

**2** Mitten im Verlauf des Suezkanals befindet sich der Bittersee. Wie werden seine beiden Teilbereiche im Englischen genannt?

**3** Welche Städte am Suezkanal sind auch per Flugzeug erreichbar?

## AUFWÄRMEN

**4** Nördlich von Kairo teilt sich der Nil in unzählige kleinere Flussarme auf und bildet damit ein sogenanntes Mündungsdelta. Zusätzlich wird auch Wasser über künstliche Kanäle in trockene Regionen geleitet. Wie heißt der Kanal, über den die Stadt Suez mit Süßwasser versorgt wird?

**5** Östlich von Kairo herrscht ein wüstenartiges Trockenklima. Wie werden die Flusstäler genannt, die erst nach starken Regenfällen und dann auch nur kurzzeitig Wasser führen?

**6** Je ein Konvoi von bis zu 45 Schiffen pro Richtung passiert täglich den 193 Kilometer langen Suezkanal. Beide starten morgens, durchfahren ihren zu Beginn jeweils einbahnigen Abschnitt und begegnen einander dann in der Mitte der Strecke auf dem Bittersee beziehungsweise seit 2015 via altem und »neuem« Suezkanal. Ihre Durchschnittsgeschwindigkeit beträgt dabei acht Knoten (circa 15 Kilometer pro Stunde). Wie lange braucht ein Schiff für die Durchquerung des Kanals?

## DURCHSTARTEN

**7** Wie viele Staustufen sind im Verlauf des Suezkanals eingezeichnet?

**8** Betrachtet man die Karte und blickt auf die Lösung von Frage 7. Was mögen die drei Hauptgründe dafür sein, dass der Suezkanal durch den natürlich entstandenen Bittersee führt und nicht um ihn herum?

# » angelegt

*Städtebauliches Gesamtkunstwerk in Marokko*

Einen Stadtplan von der Medina innerhalb der Stadt Fes gibt es nicht. Er wäre auch eine echte Herausforderung für Macher und Nutzer gleichermaßen. Die Medina ist eine über 1200 Jahre alte Stadt in der Stadt. Dort gibt es alles, was man zum Leben braucht: Wohnung, Arbeitsstelle, Moschee und Gassen mit Geschäften. Letztere heißen in Marokko Souk und umfassen sowohl Einzelhandelsgeschäfte als auch Handwerksbetriebe und Dienstleistungsunternehmen.

Was das Besondere dieser Medina ausmacht, ist die extreme Kompaktheit, mit der sie im achten Jahrhundert von den damaligen Städtebauern angelegt wurde. Auf einer Fläche von etwa drei Quadratkilometern – das entspricht ungefähr der Größe des Central Parks in New York – leben über 200 000 Menschen. Das Wegenetz umfasst circa 9000 Gassen; diese sind oft kurz, nur wenige Meter breit und absolut *nicht* rechtwinklig zueinander angelegt. Angelegte Plätze findet man keine, die Häuser sind drei bis vier Stockwerke hoch, und so entstehen schluchtenartige Wegesysteme für Mensch, Maultier und Moped, die besonders während der Hitze im Sommer wohltuenden Schatten spenden.

Die Wohngebiete in der hiesigen Medina sind in Quartiere aufgeteilt. Jedes besitzt eine Moschee, einen zentralen Trinkwasserbrunnen, eine Schule, ein öffentliches Badehaus und eine Backstube, in der jeder Haushalt seinen zu Hause vorbereiteten Teig backen lassen kann. Der dortige Bäcker wäre zudem der ideale Ansprechpartner, wenn man ein bestimmtes Wohnhaus in dem Labyrinth der Gassen sucht. Er kennt alle Personen aus seinem Quartier und erklärt dann den Weg. Somit braucht es eigentlich auch gar keinen Stadtplan.

34° 03' 51"N 04° 58' 23"O

*Unterwegs in einem Souk der Medina von Fes.*

# » Fragen

## ANKOMMEN

**1** Wie heißt die nördlich von Marokko gelegene Meeresstraße, die zugleich die Kontinente Europa und Afrika voneinander trennt?

**2** Im Norden von Marokko existiert eine spanische Exklave, also eine Stadt, die offiziell zu dem nördlich des Kartenausschnittes gelegenen Land Spanien gehört. Wie lautet ihr Name?

**3** Die wohl berühmteste Sehenswürdigkeit an der Nordspitze von Marokko ist eine Grotte. Einst auf natürlichem Weg entstanden, wurde sie von den hier ansässigen Menschen bereits seit der Antike genutzt und verändert. Aus ihren Wänden gewannen die ansässigen Volksgruppen Mühlsteine zum Mahlen und erweiterten die Höhle dadurch erheblich. Wie heißt sie?

## AUFWÄRMEN

**4** Welche Nationalstraße verbindet die großen Städte Tetouan und Meknes?

**5** Welchen Namen trägt der See, an dessen Ufer man über die Regionalstraßen 419 beziehungsweise 408 gelangt?

**6** Die Regionalstraße 419 durchquert auch ein Gebirge, dessen Namen aus drei Buchstaben besteht. Wie lautet dieser?

## DURCHSTARTEN

**7** Welche Bezeichnung trägt die Eisenbahnlinie, die von Tanger aus in südwestliche Richtung führt?

**8** Auf der Karte sind mehrere zum Teil ausgegrabene Überreste alter Siedlungen, Tempelanlagen oder Handelsstützpunkte aus der Zeit der Antike eingetragen, darunter Volubilis, Annoceur, Lixus und Bavasa. Mit welchem Symbol sind diese archäologischen Stätten gekennzeichnet?

# ≫ sonnenverwöhnt

## *Sehnsucht auf den Kapverdischen Inseln*

Das Saallicht erlosch, auf der Bühne erstrahlten die ersten Scheinwerfer und dann kam sie – wie immer barfuß und mit einem zufriedenen, leicht melancholischen Ausdruck im Gesicht. Wie keine andere Musikerin verkörperte Cesária Évora auf ihren Konzerten weltweit das Lebensgefühl der Kapverden. Sie hat zahlreiche Zuhörer dazu inspiriert, einmal selbst auf eine der zehn Inseln vor der Westküste Afrikas zu reisen.

Geografisch gehören die Kapverdischen Inseln, obwohl im Meer gelegen, zur benachbarten Sahelzone Afrikas. Es regnet durchschnittlich nur eine Woche jährlich, manchmal für mehrere Jahre auch gar nicht. Weil Landwirtschaft unter solchen wüstenartigen Bedingungen nicht möglich ist, müssen alle Produkte des täglichen Bedarfs, inklusive Trinkwasser, kostspielig per Schiff herangebracht werden. Arbeitsplätze sind auf den Kapverden rar und ihre Entlohnung gering. Dafür lebt man in einem sehr konstanten, stets sonnigen Klima, dessen Lufttemperatur dauerhaft zwischen 25 und 30 Grad Celsius liegt. Das spiegelt sich auch in der Lebensweise der Bewohner wider, die sich abends gerne entlang der Straßen oder auf Plätzen treffen, miteinander reden, singen oder tanzen.

Insbesondere die Stadt Mindelo auf der Insel São Vicente hat sich zu einem Zentrum der Tanz- und Musikkultur entwickelt. Hier wurde 1941 auch die Sängerin Cesária Évora geboren und hat das aufgesogen, was später in ihren Musikstil einfloss: die Entspanntheit eines einfachen Lebensstils unter der wärmenden Sonne, verbunden mit einer Sehnsucht nach einem Land in der Ferne, das bessere wirtschaftliche Lebensbedingungen bietet als das eigene.

*Traditionelle Fischerboote auf den Kapverden.*

# 》Fragen

## ANKOMMEN

**1** Nach der Sängerin Cesária Évora wurde im Jahre 2012 eine öffentliche Einrichtung auf der Insel São Vicente benannt. Um welche Einrichtung handelt es sich?

**2** Die Hafeneinfahrt der Stadt Mindelo mit ihren etwa 75 000 Einwohnern wird während der Nacht durch Lichtzeichen eines Leuchtturms markiert. Wo befindet sich dieser?

**3** Wie hoch ist der höchste Berg der Insel São Vicente?

## AUFWÄRMEN

**4** Welchen Hafen steuern die Fähren an, die Mindelo verlassen, um Personen und Fahrzeuge zur Nachbarinsel Santo Antão zu befördern?

**5** Santo Antão ist, wie auf der Karte ersichtlich, zwar deutlich größer als São Vicente, dennoch wohnen dort nur etwa 50 000 Menschen. Welche der beiden Inseln hat die deutlich höheren Berge?

**6** Das Wort *ponta* heißt übersetzt Landspitze. Wie heißt die nördlichste Landspitze der Insel Santo Antão, nach der zugleich ein Ort benannt ist?

## DURCHSTARTEN

**7** *Praia* ist das einheimische Wort für Strand. Auf welcher Insel liegt der Strand mit dem Namen Calheta Grande?

**8** Während São Vicente unter den zehn bewohnten Eilanden der Kapverden das Image einer Badeinsel innehat und Mindelo als kulturelle Hauptstadt der gesamten Inselgruppe gilt, zählt Santo Antão unter Bergbegeisterten zu einer der weltweit spannendsten Wanderregionen. Welchen Berg erreicht man, wenn man sein Auto im Ort Mesa parkt und dann zu Fuß in nördlicher Richtung wandert?

# ⟩⟩ weitergegeben

*Die Tänze des Yoruba-Volkes in Westafrika*

Die UNESCO-Welterbeliste ist ein Who's who bekannter Bauwerke und Naturschauplätze von den ägyptischen Pyramiden bis zum australischen Great Barrier Reef, von den belgischen Beginenhöfen bis zu den nordamerikanischen Rocky Mountains.

Deutlich weniger geläufig ist die Idee des immateriellen Weltkulturerbes. Dabei liegt das Augenmerk auf kulturellen Ausdrucksformen, die getragen sind von menschlichem Wissen und Können und die von einer Generation zur nächsten weitergegeben werden. Fertigkeiten also wie Musik und Tanz, Rituale und Feste, ebenso wie das Wissen um traditionelle Handwerkstechniken.

Zum immateriellen Weltkulturerbe zählt auch Gelede. Dies ist ein Tanzritual der Yoruba, ein vor allem im westlichen Nigeria sowie im Benin und in Togo lebendes Volk. Mit dem Tanz wird die Urmutter Iya Nla (Große Mutter) und überhaupt die Weiblichkeit geehrt. Iya Nla gilt als die Quelle allen Seins und aller Gottheiten.

Für gewöhnlich begehen die Yoruba das Fest nach der Ernte sowie nach einschneidenden Ereignissen wie Dürren oder Epidemien. Die Zeremonie findet nach überliefertem Brauch meist nachts auf einem öffentlichen Platz statt. Begleitet von einem Orchester, treten zunächst die Sänger und Trommler auf. Es folgen maskierte Tänzer in prachtvollen Kostümen und mit geschnitzten Kopfaufsätzen, mit denen sie Mann und Frau darstellen und einen Tanz der Geschlechter vollführen. Oft zeigen Masken auch Tierfiguren – so die Schlange als Symbol der Macht oder der Vogel als Bote der Mütter. Damit soll nicht zuletzt die böse Seite der weiblichen Macht besänftigt werden.

# ≫ Fragen

## ANKOMMEN

1 Ländergrenzen sind auf der Karte als stärkere magentafarbene Linien gekennzeichnet. Wie viele Länder finden sich (komplett und anteilig) in diesem Ausschnitt?

2 Mehrere der Länder grenzen an den Atlantik. Wie heißt der in der Karte eingezeichnete Teilbereich dieses Ozeans?

3 Das Volk der Yoruba lebt in den Ländern Benin, Nigeria und in Togo. Welcher ist der westlichste dieser drei Staaten?

## AUFWÄRMEN

4 Das Foto, das diese Landkarten-Rätselreise begleitet, ist auf dem Gelede-Festival in Kétou entstanden. In welchem Land war die Fotografin dafür unterwegs?

5 Hautstädte sind auf der Karte jeweils mit einem roten Punkt beziehungsweise einem rötlichen Quadrat markiert. Wie heißt die Hauptstadt des in Frage 4 gesuchten Landes.

## DURCHSTARTEN

6 Welcher geografische Name in der Karte weist auf einen besonders schwierigen Teil der Geschichte dieser Region und der Welt hin?

7 Togo ist einer der kleinsten Staaten Afrikas. Schmal ragt es von der Küste ins Landesinnere. Wie breit ist die schmalste Stelle schätzungsweise?

# » unmöglich

## *An einem sonderbaren Berg*

Von einem sonderbaren Berg hatte er gehört, und am 11. Mai 1848 schrieb der Ostafrika erkundende deutsche Missionar Johannes Rebmann dazu in sein Tagebuch: »Wir sahen diesen Morgen die Berge von Dschagga immer deutlicher, bis ich gegen 10 Uhr den Gipfel von einem derselben mit einer auffallend weißen Wolke bedeckt zu sehen glaubte.« Von dem Einheimischen, der ihn führte, wollte er nach einer Weile wissen, ob das wirklich eine Wolke sei. Ja, antwortete dieser, »was aber das Weiße sei, wisse er nicht – er vermutete, es sei Kälte.« In diesem Moment wurde dem Deutschen klar, dass dies nichts anderes als Schnee war, die Menschen hier aber schlicht keinen Namen dafür hatten, weil Schnee sonst nicht vorkommt in diesen Breitengraden.

Als er kurze Zeit später eine entsprechende Nachricht nach Europa sandte, spotteten viele Fachleute über Rebmanns Bericht: Ein schneebedeckter Berg? Mitten in Afrika? So nahe am Äquator? Ein Ding der Unmöglichkeit! Doch die französische Société de Géographie de Paris erkannte seinen Faktenbericht an und verlieh Rebmann 1852 eine Ehrenmedaille für seine »Entdeckung« des Kilimandscharo.

Rebmann selbst blieb fast drei Jahrzehnte auf seiner Missionsstation nahe der Hafenstadt Mombasa und erforschte von dort aus immer wieder das Innere Ostafrikas – eine Welt, die bis zu diesem Zeitpunkt kein Europäer gesehen hatte. Er widmete sich intensiv den Kulturen und Sprachen Ostafrikas und stellte unter anderem ein erstes Wörterverzeichnis für Swahili zusammen.

*Wohl nur noch wenige Jahre wird der Kilimandscharo seine weiße Eiskappe tragen.*

# » Fragen

## ANKOMMEN

1 Wie hoch ist der Kilimandscharo (der in der Karte mit seinem englischen Namen Mount Kilimanjaro eingezeichnet ist)?

2 Der Kilimandscharo ist ein vulkanisches Bergmassiv. Sein höchster Gipfel ist auch als Kibo bekannt. Wie heißen der zweit- und der dritthöchste Gipfel im Massiv, die ebenfalls auf der Karte zu sehen sind?

3 Wie lautet der Name des zum Kilimandscharo nächstgelegenen internationalen Flughafen?

## AUFWÄRMEN

4 Wie heißt das Schutzgebiet rund um den Kilimandscharo?

5 Ist der Missionar Johannes Rebmann 1848 von Mombasa aus eher 200 oder eher 500 Kilometer weit unterwegs gewesen, bis er den Kilimandscharo zu Gesicht bekam?

## DURCHSTARTEN

6 Wo ist die Luft beim Aussteigen aus dem Flugzeug dünner: auf der Landepiste von Same oder auf der von Ndia Ndasa?

7 Im Bereich der Planquadrate N13 und O13 sowie N14 und O14 gibt es viele kurze Flüsse. Was hat es damit auf sich?

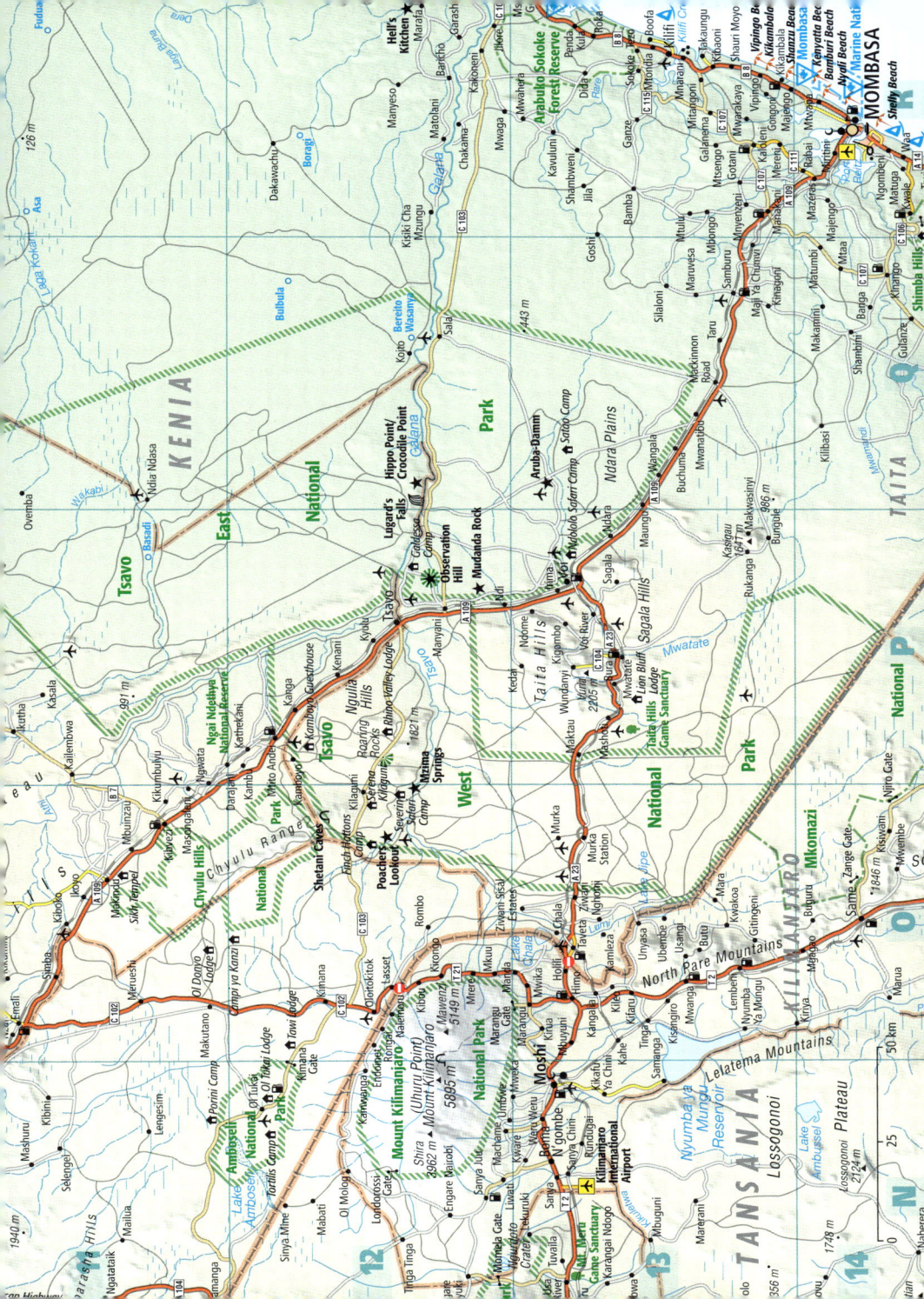

# ≫ zurückgezogen

*Beim Flussgeist des Sambesi*

Der Sambesi, eine der großen Lebensadern Afrikas, fließt im Oberlauf breit und ruhig dahin, bis die Behäbigkeit abrupt an einem mehr als 100 Meter tiefen und rund 1700 Meter breiten Geländeabbruch namens Mosi-oa-Tunya (Donnernder Rauch) endet, bei uns besser bekannt als Victoriafälle.

Eng mit dem Fluss verbunden ist Nyami Nyami, der Gott des Sambesi. Der Flussgeist hat den Körper einer Schlange und den Kopf eines Fisches und ist eine der wichtigsten Gottheiten der Tonga, die vor allem am Nordufer des Sambesi beheimatet sind. Nyami Nyami hat seit Gedenken dafür gesorgt, dass die Tonga entlang des Flusses und abgeschieden vom Rest der Welt ein gutes Leben führen konnten.

Der Wassergott und seine Frau leben, so der Glaube, in der Unterwelt der Kariba-Schlucht. Erst in den 1950er-Jahren wurde das harmonische Miteinander von Gott und Mensch getrübt. Damals begannen die Planungen zum Bau der Kariba-Talsperre. Uralte Bäume mussten neuen Zufahrtsstraßen weichen. Bald kamen Menschen auf der Baustelle ums Leben. Und: Die Staumauer hatte den Flussgeist von seiner Frau getrennt. 1957, als der Damm nahezu fertiggestellt war, schien sich der Flussgeist aufzulehnen – eine bisher nie dagewesene Flut kam den Sambesi hinunter und riss alles mit sich. 1960 war das Projekt dennoch vollendet, und die Generatoren liefern seitdem Strom für die Region.

Zur gleichen Zeit hat sich aber auch der Flussgeist aus der Welt des Menschen zurückgezogen, so die Tonga. Ihr angestammtes Land verschwand in den Fluten des nun aufgestauten Sees. Noch immer hoffen einige von ihnen, dass Nyami Nyami eines Tages zurückkehren und sie zu ihren alten Wohnorten zurückführen wird.

*Wasservorhang mit Superlativen: Mosi-oa-Tunya (Victoriafälle).*

# ≫ Fragen

## ANKOMMEN

**1** Ein Land hat seinen Namen dem Sambesi zu verdanken. Wie heißt es?

**2** Der Sambesi fließt über zahllose Wasserfälle aus dem sambischen Hochland zum Indischen Ozean. Wie viele dieser Wasserfälle finden sich auf der Karte?

**3** Wie hoch liegt der höchste in der Karte eingezeichnete Punkt?

## AUFWÄRMEN

**4** Neben dem Sambesi selbst sind es vor allem die vielen Reservate und Nationalparks, die touristische Gäste in die Gegend locken. Viele von ihnen wohnen während der Safaris, bei denen Wildtiere in ihrer natürlichen Umgebung beobachtet werden können, in Camps. Wie viele dieser Camps gibt es im Planquadrat L3?

**5** Reisende aus aller Welt kommen heute an die Victoriafälle (Mosi-oa-Tunya). Zwischen wie vielen Flughäfen können sie wählen?

## DURCHSTARTEN

**6** Ganz schön viele Flughäfen in Frage 5, oder? Womit lässt sich diese Situation erklären?

**7** Wohin geht es? Von Kasane die Hauptstraße nach Süden. Am Grenzübergang die Landesseite wechseln. An der nächsten Kreuzung rechts. Der Straße bis zu einer weiteren T-Kreuzung folgen, dort nach links. Eine Safari-Unterkunft ansteuern.

# » umgeleitet

*Straßenbau auf der Insel Réunion*

Blickt man zum ersten Mal auf dieses Bild, fragt man sich wahrscheinlich schon, was das soll: Warum baut man eine neue Autobahn auf Stelzen quer durch das malerisch blaue Wasser, während doch gleichzeitig entlang der Küste bereits eine zweispurige, geradezu idyllisch sich an den Inselrand schmiegende Verkehrsstraße existiert. Man könnte Größenwahn oder Verschwendung vermuten. Ist es aber nicht.

Das Bild wurde auf Réunion aufgenommen, einem Eiland mitten im Indischen Ozean, etwa 600 Kilometer östlich von Madagaskar. Hier herrschen besondere klimatische Bedingungen. In den Monaten Dezember bis März ist Regenzeit, in der tropische Wirbelstürme über die Insel fegen und dabei das idyllische Wasser in eine tosende See verwandeln. Die Kraft der Wellen nagt dann an den Fundamenten der alten Küstenstraße und droht diese zu unterspülen. Selbst die Gischt, die dabei über die Mauer auf die Straße spritzt, hat noch genügend Energie, um Windschutzscheiben von Fahrzeugen einzudrücken. Begleitet werden die Stürme von heftigen Niederschlägen, bei denen während eines Tages so viel Regen fällt wie in Deutschland in einem ganzen Jahr. Das führt an den steilen Hängen zu Erdrutschen, die jedes Jahr aufs Neue die alte Küstenstraße mit Geröll überhäufen. Natürlich könnte man in diesen Wochen die Straße sperren, doch dann wäre die einzige Verbindung zwischen den beiden Hauptorten der Insel mit etwa 60 000 Fahrzeugen pro Tag gekappt. So entwickelte sich die Lösung des Straßenneubaus auf Stelzen, weit genug entfernt von den Rutschungen an den Hängen und durchlässig für Wellen und Brandung.

*Bald werden die ersten Autos die Neubaustraße befahren.*

# 》Fragen

## ANKOMMEN

**1** Welche Nummer trägt die Küstenstraße, die auf Stelzen über das Meer verläuft und welchen Beinamen hat sie?

**2** Réunion ist ein französisches Überseedepartement mit dem Euro als offizielles Zahlungsmittel. Wie heißt die Hauptstadt der Insel in der nordöstlichen Ecke des Kartenausschnitts?

**3** Parallel zur Küstenstraße sind die Orte La Grande-Chaloupe und Le Camp Magloire auch über einen Wanderweg miteinander verbunden. Welchen Namen trägt dieser?

## AUFWÄRMEN

**4** Ein Wasserfall (französisch: *cascade*) wird auf der Karte mit dem Symbol ähnlich einer kleinen Dusche eingezeichnet. Wie viele davon sind in dem Ausschnitt zu sehen?

**5** Welche Straße muss man nehmen, um in den Ort Dos d'Ane zu gelangen?

**6** Manche Flussabschnitte sind nur gestrichelt eingezeichnet, was bedeutet, dass sie nicht das ganze Jahr hindurch Wasser führen. Besitzt der Bras Sainte-Suzanne solche Abschnitte?

## DURCHSTARTEN

**7** Der Cirque de Mafate ist ein etwa 100 Quadratkilometer großer Talkessel und ringsherum von Bergen umschlossen. Hier leben in verstreut liegenden Dörfern rund 800 Menschen, die lediglich über Wanderwege erreichbar sind. Über welchen Wanderweg kommt man in das Dorf Îlet-à-Malheures, wenn man seinen Wagen auf einem der Parkplätze der Straße D52 am Kraterrand zurücklässt?

**8** Wie viele Meter über dem Meeresspiegel ragt der höchste in der Karte eingezeichnete Berg?

# 》aufgelehnt

*Frauenproteste in Südafrika*

Es waren geschätzt bis zu 20 000 Südafrikanerinnen, die am 9. August 1956 aus allen Teilen des Landes nach Pretoria kamen, um vor dem Union Building, dem Regierungssitz des Landes, zu protestieren. Anlass waren verschärfte Apartheid-Gesetze, die einmal mehr zu Einschränkungen der nicht-weißen Bevölkerung führen sollten. Bereits seit den 1920er-Jahren war genau geregelt, wo sich die schwarze Landbevölkerung in städtischen Gebieten aufhalten durfte und wo nicht. Schon damals mussten alle schwarzen Männer, die eine Stadt betreten wollten, bei der Gemeindeverwaltung vorstellig werden, einen Arbeitsvertrag vorlegen und eine Gebühr bezahlen.

In den 1950er-Jahren sollte nun ein sogenanntes *reference book* verpflichtend werden, das als Personaldokument von schwarzen Männern und Frauen ständig mitzuführen war. Wer es nicht vorlegen konnte, hatte mit einer Geldstrafe oder mit bis zu drei Monaten Haft zu rechnen.

Dagegen lehnten sich die Frauen auf. Angeführt von vier Aktivistinnen, standen sie zu Tausenden eine halbe Stunde schweigend vor dem Union Building, bevor sie ein Protestlied anstimmten. Eine der Organisatorinnen, Lilian Ngoyi, klopfte an die Tür des Premierministers, um ihm rund 14 000 gegen die neuen Rechtsvorschriften gesammelte Unterschriften zu übergeben.

Zwar wurde die Tür nicht geöffnet, und das Gesetz trat gegen allen Protest ab 1958 zunächst für schwarze Männer, ab 1963 auch für schwarze Frauen in Kraft. Doch nach den ersten allgemeinen und freien Wahlen im Frühling 1994, die das Ende der Apartheid markierten, wurde noch im gleichen Jahr der National Women's Day als landesweiter Feiertag ausgerufen. Seither wird jedes Jahr am 9. August der mutigen Proteste Tausender Südafrikanerinnen gedacht.

# 》Fragen

## ANKOMMEN

1  Welche Nationalstraßen (*national roads*) sind durch ein Piktogramm erkennbar und damit namentlich auf der Karte zu finden?
2  In welchem Schutzgebiet ist man fast automatisch unterwegs, wenn man das Waterberg-Massiv besucht?

## AUFWÄRMEN

3  In welche Richtung (grob) liegt Pretoria von Johannesburg aus gesehen?
4  Wie heißt die Metropolregion Pretoria noch?
5  Wie viele Kilometer Luftlinie sind es etwa von der Innenstadt Pretorias zu der von Johannesburg?

## DURCHSTARTEN

6  Teile von wie vielen Provinzen sind auf der Karte abgebildet und wie heißen sie?
7  Mit welchem Verkehrsmittel sind wohl viele der Demonstrantinnen angereist?
8  Wie ist die Hauptabflussrichtung des Wassers in dem in Frage 2 gesuchten Schutzgebiet?

# 》ungerade

*An der amerikanisch-kanadischen Grenze*

Immer wieder passiert es, dass Verträge zwischen Staaten Ungenauigkeiten enthalten. So geschah es auch, dass mit dem Ende des Amerikanischen Unabhängigkeitskrieges 1783 die Nordgrenze der USA zwar festgelegt wurde. Allerdings fehlerhaft, denn die Grenze zum britisch verwalteten Columbia District sollte der Linie vom Lake of the Woods zum Mississippi folgen. Es gab nur ein Problem: Der große amerikanische Strom ist zwar lang, reicht aber nicht so weit in den Norden.

Man beriet sich, und 1818 wurde der 49. Breitengrad als Grenze festgelegt. Allerdings nur bis zu den Rocky Mountains; das Oregon Country westlich davon sollten beide Länder in den zehn darauffolgenden Jahren gemeinsam nutzen.

Mit dem steigenden Interesse an diesem Landstrich und der Besiedlung vor allem durch Trapper und Pelzhändler gab es abermals heftige Kontroversen. Diese legten Kanada und die USA schließlich im sogenannten Oregon-Kompromiss bei, mit dem die Grenze entlang des 49. Breitengrads auch für die westlichen Gebiete endgültig bestätigt wurde. Eine Ausnahme bildete Vancouver Island; eine Insel, die weiter nach Süden reicht.

Heute gilt der westliche Grenzabschnitt zwischen den USA und Kanada als die längste schnurgerade Grenzziehung der Welt. Allzu genau sollte man es jedoch nicht nehmen mit ihrer Geradlinigkeit: Weil die damalige Infrastruktur und Technik beider Länder im 19. Jahrhundert nicht mehr zuließ (die Messgeräte waren noch nicht so präzise wie heute, auch gab es nur wenige Möglichkeiten, überhaupt in dem Gebiet voranzukommen), finden sich viele der Grenzmarkierungen eben nur ungefähr am 49. Breitengrad.

*(Scheinbar) Zum Greifen nah: Mount Baker, gesehen von Point Roberts.*

# ⟫ Fragen

## ANKOMMEN

**1** Gleich hinter Vancouver schwingen sich die Berge in die Höhe und Skigebiete locken. Wie viele Skigebiete sind im Bereich Kanadas eingezeichnet?

**2** Welcher Berg liegt fast direkt auf der Grenze?

**3** Eine der bekanntesten und zugleich anspruchsvollsten Wanderungen Kanadas ist der rund 75 Kilometer lange West Coast Trail auf Vancouver Island. Sein südlicher Anfangspunkt liegt nahe Port Renfrew. Welches Schutzgebiet durchwandert man von dort aus zunächst?

## AUFWÄRMEN

**4** Ist es möglich, von Victoria, der Hauptstadt der kanadischen Provinz British Columbia, auf direktem Weg in die USA zu gelangen?

**5** Die Einwohnerinnen und Einwohner welches US-amerikanischen Ortes zeigen immer den Pass vor, wenn sie auf dem Landweg zum Beispiel nach Seattle gelangen wollen.

## DURCHSTARTEN

**6** Eine bergbegeisterte Einwohnerin des in Frage 5 gesuchten Ortes steht am dortigen Strand und möchte auf den höchsten im Kartenausschnitt befindlichen Gipfel steigen. Wie viele Höhenmeter hat sie insgesamt vor sich?

**7** In der Karte sind mehrere Wasserfälle (erkennbar am Wasserfall-Piktogramm) eingezeichnet. Diese alphabetisch sortiert – würde man am letzten der Wasserfälle mit dem Auto vorfahren können?

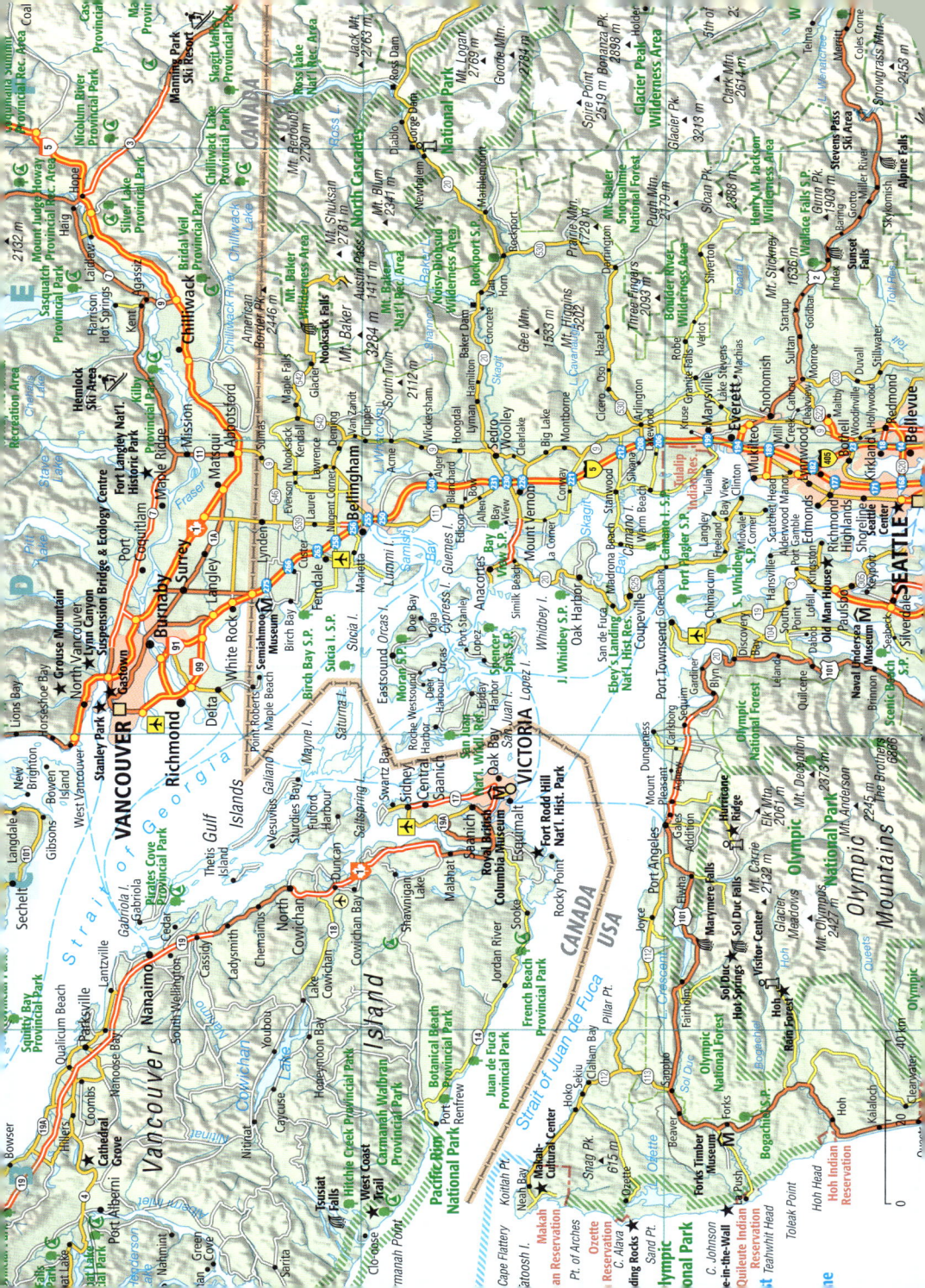

# ≫ angeseilt

*Sounds of San Francisco*

Nach dem typischen Klang der Weltstadt an der Pazifikküste Kaliforniens befragt, würden die meisten sicherlich auf Flower Power tippen und Musiker wie Janis Joplin oder Scott McKenzie nennen. Aber dieser Sound ist erst in den 1960er-Jahren entstanden, während ein ganz anderer Klang die Stadt bereits seit über 150 Jahren begleitet.

Deren enormes Wachstum begann mit dem Goldrausch 1848/1849, als in kurzer Zeit viele Glücksuchende nach San Francisco einwanderten.

Das eilig angelegte rechtwinklige Straßennetz nahm dabei keine Rücksicht auf die hügelige Landschaft. Es entstanden derart steile Straßen, dass die damals eingesetzten Pferde zur Beförderung von Menschen und Wagen öfters den Halt verloren, ins Rutschen gerieten und dadurch folgenschwere Unfälle auslösten. Dies brachte den Unternehmer Andrew Smith Hallidie in den 1870er-Jahren auf die Idee, eine schienengebundene Kabelstraßenbahn (Cable Car) einzuführen. Er ließ dazu knapp unter der Straßenoberfläche ein Stahlkabel verlegen, das – an den beiden Enden zusammengeschweißt und durch eine Dampfmaschine angetrieben – permanent entlang Führungsrollen den Berg hinauf und wenige Meter daneben wieder bergab rotierte. Bis heute funktioniert die Technik wie eh und je: Will der Fahrer die Cable Car in Bewegung setzen, umgreift er mit einem unter dem Fahrzeug konstruierten Spannhaken das Stahlseil und sein Wagen wird mitgezogen.

Läuft man entlang einer Cable-Car-Linie kann man dieses Kabel hören – ein permanentes, leicht sphärisch klingendes Sirren. Einmal erlebt, bleibt dieser einzigartige Klang unwillkürlich im Gedächtnis als »The Sound of San Francisco«.

Cable Car Service in der California Street.

# ≫ Fragen

## ANKOMMEN

1. Die Strecken der Cable Car sind auf der Karte als rote Linie gekennzeichnet. Von den 23 Linien, die einst in San Francisco ihren Dienst taten, sind heute noch drei in Betrieb. Welche Namen tragen sie?
2. Wie heißt der Turm auf dem Telegraph Hill (Telegraphen-Hügel), von dem aus man einen fantastischen Blick auf die Stadt San Francisco und die umgebende Landschaft genießt?
3. Nördlich des Ferry Building, an dem noch heute ein Großteil aller Fähren anlegt, ziehen sich entlang der Küste eine Reihe von Anlegestellen. Wie lautet der Name des Hafengebietes ab Pier 39, das gerne von Touristen aufgesucht wird?

## AUFWÄRMEN

4. Südlich des Telegraph Hill hat sich eine Gemeinschaft asiatischer Einwanderer angesiedelt. Wie nennt man diese Gegend?
5. Auf dem Russian Hill, dessen Namen an die einst hier ansässigen russischen Pelzhändler erinnern soll, ist eine Straße berühmt geworden, weil sie als einzige *nicht* gerade, sondern in Serpentinen verläuft. Wie heißt sie?
6. Welcher amerikanische Highway durchquert die Stadt in Nord-Süd-Richtung entlang der Van Ness Avenue?

## DURCHSTARTEN

7. Was bedeutet es, dass fast alle (also auch die mittlerweile abgebauten) Cable-Car-Linien nördlich der Market Street verkehrten?
8. Gehirnjogging: Betrachtet man die Antworten auf die Fragen 2, 5 und 7, was könnte der Grund dafür sein, dass die Columbus Avenue auf ganzer Länge diagonal zu dem ansonsten rechtwinkeligen Straßengrundriss verläuft?

# 》ausgewandert

*Gelassenheit in Ost-Kanada*

Die Sehnsucht nach milderen Temperaturen im Winter ist es sicherlich nicht, die in den letzten Jahrzehnten Tausende Europäer dazu veranlasst hat, in den Osten Kanadas auszuwandern. Fällt hier doch das Thermometer in der dunkleren Jahreszeit auf bis zu minus 25 Grad Celsius und gefühlt sogar noch weit darunter, wenn zeitgleich ein eisiger Nordwind bläst.

Das, was Kanada für viele zum Traumland werden lässt, ist die schier endlose Weite einer grandiosen, scheinbar unberührten Naturlandschaft mit Wäldern, Seen und Flüssen, aber auch die pulsierenden Metropolen gepaart mit einer internationalen Bevölkerung und einem sehr entspannten Lebensstil.

Montreal ist eine dieser Metropolen und zugleich ein Schmelztiegel von nordamerikanischer sowie europäischer Kultur. Man spricht dort, ebenso wie in der umgebenden kanadischen Provinz Quebec, überwiegend Französisch. Allerdings versteht beinahe jeder Englisch, denn Kanada ist offiziell zweisprachig. Werden beide Sprachen in einem Satz vermischt, hört man Franglais, was auch keinen wirklich stört. Mit dieser Art Gelassenheit ertragen die meisten Menschen selbst die frostigen Winter, die übrigens sogar Vorteile besitzen: Kalte Luftmassen lassen nämlich wenig Nebel zu und sorgen somit für sehr viel Sonnenschein. Und indirekt sind sie zudem für das Spektakel im Spätherbst verantwortlich, bei dem insbesondere die unterschiedlichen Sorten von Ahornbäumen in einem unvergleichlichen Spiel der Farben ihr Laub verlieren. Nach Meinung vieler erlebt man ihn hier im Osten Kanadas beidseitig des Sankt-Lorenz-Stroms am intensivsten – den sogenannten Indian Summer.

*Panorama der Stadt Montreal kurz vor Sonnenuntergang.*

# 》 Fragen

## ANKOMMEN

**1**  Die Städte Montreal und Quebec liegen am Sankt-Lorenz-Strom, jenem insgesamt über 580 Kilometer langen Fluss, über den das Wasser aus den Großen Seen in den Atlantik abtransportiert wird. Wie wird dieser Strom im Französischen genannt?

**2**  Wie heißt der See (französisch: *lac*) mitten im Sankt-Lorenz-Strom?

**3**  Am Ufer des Sees aus Frage 2 liegt der Ort Sorel-Tracy, in dessen Nähe der Fluss Richelieu mündet. Welchen amerikanischen See (englisch: *lake*) im Süden verbindet er mit dem See aus Frage 2?

## AUFWÄRMEN

**4**  Der Richelieu überquert in seinem Verlauf südlich von Montreal die Staatsgrenze zwischen den USA und Kanada. Auf kanadischer Seite befindet sich hier die Provinz Quebec. Wie heißt der entsprechende Bundesstaat in den USA?

**5**  Welche weiteren Bundesstaaten der USA sind auf der Karte zu finden?

**6**  In dem Bundesstaat aus Frage 4 ist im Kartenausschnitt ausnahmsweise ein Wanderweg (englisch: *trail*) eingetragen. Wie lautet sein Name?

## DURCHSTARTEN

**7**  Ein Ort trägt auf diesem Kartenausschnitt noch seinen alten Namen, der erst im Jahre 2020 geändert wurde, weil seine Bewohnerinnen und Bewohner befürchteten, dass sonst alle potenziellen neuen Investoren zukünftig einen großen Bogen um ihn machen würden. Wie heißt dieser Ort, den man von Quebec aus über folgende Fahrtroute erreicht: Autoroute 73 – Route nationale 112 – Route nationale 255?

**8**  Liegen Berlin und Bethlehem weniger oder mehr als 50 Kilometer Luftlinie voneinander entfernt?

# ≫ eingeimpft

*Die niederländischen Wurzeln von New York*

Wenn heute von der New Yorker Wall Street die Rede ist, denken die meisten wohl sicherlich an Börse, Banken und Finanzen. Dabei bedeutet das englische *wall* übersetzt »Mauer, Wallanlage«. Genau solch eine verlief im 17. Jahrhundert entlang dieser Straße und trennte das Siedlungsgebiet im Süden von dem damals noch unbebauten Land im Norden.

In der ganzen Region sprachen die europäischen Siedler zu Beginn Niederländisch – war doch die 1625 gegründete Stadt Nieuw Amsterdam eine Handelsniederlassung der Niederländischen Westindien-Kompanie, bis sie schließlich 1664 von den Briten übernommen und dabei in New York umgetauft wurde. Seitdem ist Englisch Amtssprache, doch in vielen Namen stecken noch heute niederländische Wurzeln. Der Name für den Stadtteil Brooklyn etwa leitet sich von dem niederländischen Ort Breukelen ab, und Harlem hat seine Bezeichnung von der Stadt Haarlem bei Amsterdam. Auch Coney Island (Kanincheninsel) fand seinen Eingang in die englische Sprache über das niederländische Wort *konijnen*.

Obwohl die Niederländer hier nur knapp 40 Jahre die Geschicke lenkten, vertritt eine Reihe von Historikern die Ansicht, dass sie in dieser Zeit etwas in die DNA der Stadt eingepflanzt haben, was New York seitdem stets geprägt hat: Weltoffenheit, Toleranz und Gelassenheit. Außerdem führte es zu einer Redewendung, die gerne genutzt wird, wenn Europäer in einem Restaurant unbedingt einzeln zahlen wollen. Sonst ist es nämlich in den USA üblich, dass eine Person die Rechnung für den ganzen Tisch übernimmt. »Going Dutch« heißt es dann, frei übersetzt: »Sie zahlen wie die Niederländer«.

Die Südspitze Manhattans mit dem 2014 neu eröffneten 541 Meter hohen World Trade Center.

# ≫ Fragen

## ANKOMMEN

1 Die Statue of Liberty (Freiheitsstatue) befindet sich außerhalb des Karten-ausschnittes. Allerdings ist an der Südspitze Manhattans die Anlegestelle der Fähren dorthin eingezeichnet. Wie heißt der Park in unmittelbarer Nähe?

2 An der Nordostspitze des in Frage 1 gesuchten Parks beginnt die längste und wohl auch berühmteste Straße New Yorks, die quer über die ganze Insel Manhattan verläuft. Wie lautet ihr Name?

3 Wo befindet man sich, wenn man auf der in Frage 2 gesuchten Straße an der Haltestelle (markiert mit dem Buchstaben M) Bowling Green in die Subway (U-Bahn) steigt und mit der Linie 5 eine Station nordwärts fährt?

## AUFWÄRMEN

4 Bleibt man in der U-Bahn aus Frage 3 und fährt zwei Stationen weiter, weist der Name der Haltestelle auf eine der bekanntesten Brücken New Yorks hin. Welche Brücke ist das?

5 Weiter mit der Subway 5 bis zur Station Spring Street. Man unterquert dabei zwei Stadtviertel, deren Namen auf die Herkunftsländer der einst vor Ort wohnenden Menschen schließen lassen. Wie heißen die beiden Viertel?

6 Folgt man nun zu Fuß der Spring Street in westlicher Richtung, erreicht man ein Bauwerk, das Autofahrer sehr zu schätzen wissen.

## DURCHSTARTEN

7 Warum ist es in New York nicht immer sinnvoll, einen Treffpunkt zu verein-baren, indem man lediglich den Namen der Subway Station angibt?

8 Mit welcher Subway-Linie gelangt man von der Spring Street aus am bes-ten zum World Trade Center und damit auch zu der in Erinnerung an die Verstorbenen des Terroranschlages vom 11. September 2001 errichteten Gedenkstätte Ground Zero?

#》aufgesattelt

*Bibliothekarinnen hoch zu Ross*

Es ist die Zeit der Great Depression in den USA – der Wirtschaftskrise, die in einem Börsencrash 1929 ihren Anfang hat, bei dem das Geld von einem Moment zum anderen wertlos wird. Eine Krise, die sich erst über die Städte legt und dann auch die ländlichen Gebiete erfasst. Besonders hart getroffen sind die sowieso schon Mittellosen, darunter viele Menschen im östlichen Kentucky, einem der ärmsten Bundesstaaten der USA.

Genau dort nahm ab 1935 ein ganz besonderes Projekt seinen Lauf, als Bibliothekarinnen damit begannen, Bücher in Bergdörfer zu bringen. Das allein wäre kaum erwähnenswert, wären diese Dörfer in den Appalachen nicht so abgelegen, dass statt Straßen zu jener Zeit nur schmale Pfade zu den Ortschaften führten, die mitunter auch entlang enger Schluchten durch das Wasser kleiner Flüsse verliefen. Also stiegen die Frauen in Hosen – auch das damals noch ungewöhnlich –, sattelten ihre Pferde und Maulesel, befüllten große Packtaschen mit Büchern und ritten los. Ihr Ziel: Schulen und Familien, Alte und Kranke. Anfangs lasen sie vor allem auf öffentlichen Plätzen aus den Büchern vor oder erzählten Geschichten. So gewannen sie zunächst das Vertrauen der Kinder, dann das deren Eltern und anderer Dorfbewohner. Mitunter lehrten die Bibliothekarinnen den Menschen in den Bergen überhaupt erst das Lesen und Schreiben.

Und das bei Wind und Wetter. Jede der Frauen legte pro Woche 200 Kilometer zurück und erhielt für ihre Arbeit 28 Dollar. Bis 1943 lief das Projekt, bei dem auf diese Weise mehr als 100 000 Familien Zugang zu Bildung erhielten. Die Frauen auf ihren Pferden gingen als Pack Horse Librarians (Satteltaschen-Bibliothekarinnen) in die Geschichte ein.

37° 09' 39''N 83° 22' 24''W

*Sanfte Hügel: die Appalachen im Osten der USA.*

# >> Fragen

## ANKOMMEN

**1** Die Hauptstadt des Bundesstaates Kentucky ist Frankfort und mit weniger als 30 000 Einwohnern ziemlich klein. Zwischen welchen deutlich größeren Städten befindet sich der Regierungssitz?

**2** Kentucky grenzt an sieben andere Bundesstaaten. Wie viele davon sind in dem Kartenausschnitt zu sehen?

## AUFWÄRMEN

**3** Bald nach der – aus europäischer Sicht – »Entdeckung« Amerikas haben Einwanderer von der anderen Atlantikseite den Kontinent stark geprägt. Nicht nur ihre Kulturen brachten sie mit, sondern auch ihre Sprachen und Ortsnamen. So erinnern mindestens drei Orte im Süden Kentuckys an bekannte britische Städte. Welche sind wohl gemeint?

**4** Das Suchen nach (von anderswo) vertrauten Ortsnamen macht Spaß? Bleiben wir noch ein wenig dabei! Welcher französische Ort, bekannt für seine Palastanlage, versteckt sich gleich zweimal auf der Karte?

**5** Apropos Namen: Welche davon bezeichnen nicht nur die Bundesstaaten, sondern auch die Fließgewässer?

## DURCHSTARTEN

**6** Die Karte ist einem touristischen Reiseführer entnommen. Darin zu erkennen: einige grün markierte Straßen. Worauf weist diese Farbwahl wohl hin?

**7** Die Appalachen (Appalachian Mountains) sind ein langgestrecktes, bewaldetes Mittelgebirgssystem entlang der ostamerikanischen Küste. Dazu gehören auch die in der Karte eingezeichnete Walden Ridge, ebenso wie die Great Smoky Mountains und Clinch Mountains (jeweils als »Mts.« abgekürzt). Was fällt mit Blick auf einzeln eingetragene Berge und Erhebungen auf?

# » angeknüpft

*Lebenskonzepte in den Anden*

Buen Vivir – ein Begriff, der das Konzept des guten Lebens beschreibt. Es greift die Idee indigener Völker aus dem Amazonas- und Andengebiet auf, in welcher der Mensch in der Gemeinschaft und in Harmonie mit der Natur lebt. In der ecuadorianischen Quechua-Sprache ist dieser Gedanke bekannt als *sumak kawsay*. An dieses Grundprinzip hat Ecuador im Jahre 2008 angeknüpft und die Natur, deren Rechte zu respektieren sind, sogar in die Verfassung aufgenommen.

Der Begriff zielt auf ein gutes im Sinne eines bescheidenen Lebens. Ursprünglich gemeint als Leben im Einklang mit der Natur, heute verstanden als Kritik am westlich geprägten Wachstumswahn sowie daran, dass vieles von dem, was wir tun, vor allem dem Eigennutz von einzelnen Personen oder Firmen dient und nicht mehr dem Gemeinnutz zuträglich ist.

Die Diskussion um Buen Vivir wird in Lateinamerika immer breiter. Nicht zuletzt, weil Theorie und Wirklichkeit mitunter weit auseinanderklaffen. Denn es ist weniger ein Konzept, mit dem sich einfache Lösungen finden lassen. Vielmehr lassen sich bestehende politische Programme grundsätzlich hinterfragen.

Nicht nur in den Anden, auch in anderen Kulturen suchen die Menschen seit jeher – und heute vielleicht akuter denn je – nach Wegen für ein gutes Leben: Ähnliche ethisch-philosophische Konzepte finden sich im Ubuntu in Afrika oder im Bruttosozialglück in Bhutan, und auch die Verbindungen zu westlichen Vorstellungen nachhaltiger Lebensweise sind unübersehbar.

# ≫ Fragen

## ANKOMMEN

1   Wie heißt die große Straße, die von Quito aus nach Süden führt?
2   Unter welchem Begriff ist die in Frage 1 gesuchte Straße mitunter besser bekannt?
3   Die ältesten Zeugnisse menschlicher Besiedlung in der Gegend des heutigen Quito fanden Forschende am Vulkan Ilaló. Wie hoch ist dieser?

## AUFWÄRMEN

4   Nochmals ist ein Vulkan gesucht: In welchem Nationalpark befindet sich der Cotopaxi?
5   Aller guten Dinge sind drei: Auch der höchste Vulkan von Ecuador findet sich auf der Karte. Wie heißt er?

## DURCHSTARTEN

6   Ecuador zählt zu den ärmsten Ländern Südamerikas. Seit den 1970er-Jahren kommen Devisenerlöse aus dem Erdölverkauf. Welches Bauwerk weist auf das Öl (spanisch: *oleo*) hin?
7   Die GPS-Koordinaten 00° 13' 12"S 78° 30' 44"W führen direkt nach Quito sowie in die Nähe welcher besonderen geografischen Stelle?

# 》durchgestartet

### *Europäische Raumfahrt in Französisch-Guyana*

Im Grunde genommen ist die Wahl des Startplatzes genial. Auch wenn es bedeutet, dass die europäische Trägerrakete Ariane – bevor sie überhaupt nur einen Meter in Richtung Weltall zurücklegt – erst einmal eine Seereise von fast 8000 Kilometer Länge hinter sich bringen muss. Und zwar in Einzelteilen, die zuvor in verschiedenen europäischen Werken gefertigt und anschließend hier in Südamerika im Raumfahrtzentrum Guayana zusammengesetzt werden.

Mehrere europäische Staaten hatten Mitte der 1970er-Jahre mit der Gründung der Europäischen Weltraumorganisation (ESA) beschlossen, in dem französischen Überseedepartement einen Weltraumbahnhof für die geplanten Missionen ins All zu errichten. Seit der Inbetriebnahme sind bereits mehr als 260 Starts von dort erfolgt, die alle etwas gemeinsam haben: Statt Menschen zu fernen Planeten zu schicken, werden hauptsächlich Satelliten mit Schwerpunkt der Erdbeobachtung in den Orbit transportiert. Dazu gehören neben der Wetterbeobachtung auch Satelliten, die das europäische Navigationssystem Galileo bilden, und jene, die im Rahmen des Copernicus-Programms Erdbeobachtungen durchführen.

Aber warum nun ausgerechnet Französisch-Guyana? Ein Startplatz hier hat den Vorteil, dass er in einem dünn besiedelten Gebiet und relativ nahe am Äquator liegt. Dadurch nutzt die Rakete beim Start zusätzlich den Schwung der Erdrotation und kann so höhere Nutzlasten ins All transportieren. Da alle Flugbahnen leicht nach Osten geneigt sind, würde auch ein Raketenabsturz infolge eines technischen Defektes keine bewohnten Gebiete bedrohen – die Rakete fiele dann in den Atlantik.

*Start einer Ariane-5-Rakete in Französisch-Guyana.*

# ≫ Fragen

## ANKOMMEN

**1** Im Überseedepartement Französisch-Guyana leben etwa 280 000 Menschen hauptsächlich in Orten entlang des Küstenstreifens am Atlantischen Ozean. Wie heißt der Ort unmittelbar südlich des Startplatzes am Raumfahrtzentrum Guayana, der oft auch in der Medienberichterstattung als Bezeichnung für den Weltraumbahnhof dient?

**2** Welche beiden Staaten liegen westlich von Französisch-Guyana?

**3** Südlich an Französisch-Guyana grenzt Brasilien mit dem Amazonasbecken. In der Karte ist die Äquatorlinie eingezeichnet. Liegt die Stadt Macapa im Mündungsbereich des Rio Amazonas auf der Nord- oder der Südhalbkugel?

## AUFWÄRMEN

**4** Um ein Gefühl für die Entfernungen auf der Karte zu bekommen, ist oben rechts eine Maßstabsleiste eingezeichnet. Grob geschätzt, wie viele Kilometer Luftlinie liegen die Städte Manaus und Macapa voneinander entfernt?

**5** Welcher Fluss mündet von Nordwest kommend bei Manaus in den Rio Amazonas?

**6** Auf der Karte ist auch ein Abschnitt der berühmten, insgesamt über 4300 Kilometer langen Transamazonica zu sehen, die als zumeist unasphaltierte Fernstraße das zentrale Amazonasgebiet erschließt. Sie verläuft unter anderem von Maraba über Altamira nach Itaituba. Welche Nummer trägt diese Straße im brasilianischen Fernstraßensystem?

## DURCHSTARTEN

**7** Über die Fernstraße BR153 nach Süden und dann über ein kurzes Stück Autobahn fahrend, erreicht man die Hauptstadt Brasiliens. Wie heißt sie?

**8** Die Stadt Macapa muss bezüglich ihrer Lage mit einem großen Nachteil klarkommen. Welcher könnte das sein?

# »durchgetrocknet

## *Klarheit in Chiles Norden*

Man kann nicht sagen, dass es hier nie regnet, aber es geschieht schon extrem selten. Auf einigen Flächen ist es inzwischen über 100 Jahre her, dass der letzte Niederschlag gefallen ist. Die Atacama im Norden von Chile ist eine der trockensten Wüstenregionen unserer Erde. Sie liegt in einer Art Becken und wird vor Regenwolken aus östlicher Richtung von dem über 6000 Meter hohem Andengebirge abgeschirmt. Feuchtigkeit könnte natürlich vom Pazifischen Ozean hierher aufsteigen, doch reduziert der kalte Humboldtstrom vor der Küste Chiles die Bildung von Regenwolken erheblich. Und diese wenigen werden schließlich von dem Gebirgszug der Kordillieren landeinwärts abgefangen.

Was die meisten Besucher der Wüste staunen lässt, ist die in Folge der Trockenheit ungewohnt klare Sicht. So lassen sich die Konturen der umliegenden Berge selbst noch in großer Entfernung deutlich erkennen. Wer nachts in den Himmel blickt, sieht zudem die Sterne so hell funkeln wie sonst nirgendwo auf der Erde. Diese klare Sicht hat Astronomen dazu veranlasst, dort am Rande der Anden 5000 Meter über dem Meeresspiegel das ALMA-Observatorium zu errichten. 66 einzelne Parabolantennen sind dazu über ein Plateau verteilt und bilden zusammengeschaltet das größte Radioteleskop unseres Planeten. Wissenschaftler aus aller Welt können so das Universum auf eine Weise beobachten, wie das nur bei extremer Trockenheit und sehr dünner Atmosphäre möglich ist. Für die Wartungstechniker, die oben an den Antennen arbeiten, bedeutet es zugleich, dass sie aus Sicherheitsgründen stets Sauerstoffmasken mit sich tragen müssen – dafür entfällt aber die Regenkleidung.

Nirgends auf Erden lässt sich die Milchstraße so klar erkennen wie beim ALMA-Observatorium:

# » Fragen

## ANKOMMEN

1 Wie heißt die große Küstenstadt am Pazifischen Ozean?

2 Die Atacama-Wüste ist reich an Bodenschätzen. Bergbauminen werden mit dem Symbol Schlägel und Eisen dargestellt, jene Werkzeuge, die dem Bergmann in früheren Zeiten als wichtige Arbeitsgeräte dienten. Wie lautet der Name der Mine, die man von der Stadt aus Frage 1 über die Nationalstraße 5 erreicht, wenn man im Ort Baquedano nach Osten abbiegt?

3 Wie heißt die Stadt, die sich im weiteren Verlauf der Nationalstraße 5 genau in der Gabelung mit der Nationalstraße 25 befindet?

## AUFWÄRMEN

4 In der Nähe welchen Ortes treffen sich in Chile die Nationalstraßen 21, 23 und 25?

5 Auf welcher Höhe über dem Meeresspiegel befindet man sich am Gebirgspass Paso Barros Arena, den man auf der Nationalstraße östlich der Stadt Calama erreicht?

6 Über die Nationalstraße 23 erreicht man auch das touristische Zentrum der Wüstenregion, den Ort San Pedro de Atacama mit zahlreichen Sehenswürdigkeiten in unmittelbarer Nähe. Welchen Namen trägt der große Salzsee südlich davon?

## DURCHSTARTEN

7 Entlang der Nationalstraße 27 erreicht man schließlich das ALMA-Observatorium. Wie heißt der Vulkan (abgekürzt: Vol.), den man von dort aus in nördlicher Richtung sieht und der exakt auf der Grenze zum Nachbarland Bolivien liegt?

8 Blickt man vom ALMA nach Süden, wie viele Meter über dem Meeresspiegel befindet sich die höchste auf der Karte eingetragene Bergspitze?

# 》unangepasst

*Bei Mafalda in Buenos Aires*

»Haltet die Welt an, ich will aussteigen!«

Auf einer Bank an der Straßenecke Chile/Defensa in Buenos Aires sitzt ein Mädchen im Grundschulalter. Schwarzes, schulterlanges Haar mit frechem Pony, lindgrünes Kleidchen, wollweiße Kniestrümpfe, schwarze Riemchensandalen. Sie wirkt selbstbewusst. Jeder in der Nachbarschaft kennt sie. Ihr Name: Mafalda.

Der argentinische Zeichner Joaquín Salvador Lavado, genannt Quino, lebte 1964 in dem Haus, vor dem die Comicfigur heute lebensgroß sitzt. Damals erschien der erste Mafalda-Comic in der Zeitschrift Primera Plana, später lasen etwa zwei Millionen Menschen täglich in der Zeitung El Mundo von Mafalda. Heute sind die Erlebnisse des etwas oberschlauen Mädchens in mehr als 20 Sprachen übersetzt.

Mafalda stammt aus der argentinischen Mittelschicht. Sie ist ein wahrer Mythos, denn sie philosophiert über Tagesereignisse und reflektiert die Probleme der Welt. Sie erlebt Generationenkonflikte, rebelliert gegen jedwede überlieferte Ordnung, ist konfrontiert mit Umweltfragen. Sie ist unangepasst, und sie ist es leid, in einer Welt des ständigen radikalen Entweder-Oder zu leben. Mafalda möchte später Sprachen studieren und als Dolmetscherin bei den Vereinten Nationen arbeiten, um zum Weltfrieden beizutragen.

Bis 1973 schrieb Quino seine Mafalda-Streifen, doch auch danach blieben sie präsent. Denn er zeichnete Mafalda immer wieder für den guten Zweck, etwa für Kampagnen für die Rechte der Kinder, für Bildung und Demokratie. Und so gibt das kleine Mädchen uns mit auf den Weg: »Träumen wir! Es zeigt sich: wenn man sich nicht beeilt und die Welt verändert, dann ist es die Welt, die einen verändert!«

Jung und rebellisch wie eh und je: Comic-Star Mafalda in Buenos Aires.

#》Fragen

## ANKOMMEN

**1** Wie heißt die Stadtautobahn, die den Kartenausschnitt nach Süden begrenzt?

**2** Wie viele nahezu gleich große Hafenbecken finden sich auf der Karte?

## AUFWÄRMEN

**3** Mehrere große Brücken führen über die Hafenbecken zum Puerto Madero, dem ehemaligen Hafenviertel der Stadt. Außerdem gibt es eine Fußgängerbrücke – wie lautet ihr Name?

**4** Mafalda sitzt an der Straßenecke Chile/Defensa. Welche (mindestens drei) Staaten finden sich gleich nebenan ebenfalls in Straßennamen?

**5** In welchem Stadtviertel trifft man auf Mafalda?

## DURCHSTARTEN

**6** Argentinien ist ein Einwanderungsland, immer wieder gab es große Immigrationswellen. Welcher Ort weist auch darauf hin?

**7** Die quadratische Anordnung der Stadt macht eine Orientierung recht einfach. Wohin geht es mit folgender Beschreibung? Von Mafalda nach Westen bis zur fünften Querstraße. Dieser nach Norden folgen und die sechste Straße links abbiegen. Geradeaus, über eine große Hauptstraße, bis man an der nächsten Querstraße links an der Kreuzung einen Kulturbetrieb sieht.

# » abgesucht

*Die Magellanstraße in Südamerika*

Wer heute den Komfort einer Kreuzfahrt entlang der Magellanstraße genießt, ahnt wohl kaum, welche Strapazen und Entbehrungen die ersten europäischen Seefahrer durchlebt hatten, bis sie diese Passage im Jahre 1520 fanden. Sie erfüllten dabei den Auftrag des spanischen Königs, einen neuen Seeweg zu den damals ungeheuer bedeutenden indonesischen Gewürzinseln zu finden.

Da der bekannte Weg in östlicher Richtung rund um die Südspitze Afrikas und durch den Indischen Ozean zu jener Zeit durch die portugiesische Handelsmacht versperrt war, segelte Ferdinand Magellan mit einer Flotte von fünf Schiffen und 240 Mann Besatzung Richtung Westen. Hoffend, dass, wenn es irgendwie gelänge, den amerikanischen Kontinent zu um- oder durchsegeln, man über die andere Seite des Globus Indonesien erreichen würde. So hangelte sich die Flotte von Brasilien aus an der Küste entlang südwärts und bog in jede größere Bucht ein, um zu prüfen, ob sich dort der erhoffte Seeweg finden würde. Sie trafen allerdings immer wieder auf Land.

Nach etwa 4000 Kilometer Küste erreichten sie den 40. südlichen Breitengrad und damit die Region der südlichen Erdkugel, ab der sie gegen permanenten Westwind oft in Sturm- oder sogar Orkanstärke ankämpfen mussten. Der heranrückende Winter zwang sie schließlich, in einer Bucht vor Anker zu gehen. Erschöpfung, Hunger und Krankheiten führten nun zu einer Meuterei, die Magellan niederschlagen und einige der Anführer an Land aussetzen ließ. Nach fünf Monaten des Ausharrens ging es für die verbliebene Mannschaft endlich weiter. Und am 21. Oktober 1520 entdeckte sie schließlich die ersehnte Durchfahrt, die schon kurz darauf den Namen Magellans trug.

Das Fort Bulnes an der Magellanstraße – heute ein von Wind und Wetter gegerbtes Museum.

# ≫ Fragen

## ANKOMMEN

1 Die Magellanstraße entwickelte sich im Laufe der Jahrhunderte zu einer wichtigen Handelsroute, deren Bedeutung erst 1914 mit der Eröffnung des Panamakanals in Mittelamerika zurückging. Welche Namen tragen die Landschaften im Norden und Süden der Magellanstraße?

2 Wie heißt die größte Stadt an der Magellanstraße?

3 Wie lauten die Namen der östlich der Magellanstraße im Argentinischen Meer gelegenen Inseln?

## AUFWÄRMEN

4 Wie heißen die drei Staaten in dem Kartenausschnitt und wie ihre Hauptstädte (jeweils mit einem dunkelroten Quadrat gekennzeichnet)?

5 Auf wessen Staatsgebiet befindet sich die Magellanstraße heute?

6 Die Südspitze Südamerikas ist bekanntlich Kap Hoorn. Kann man diesen Punkt auf dem Landweg erreichen?

## DURCHSTARTEN

7 Welche Gründe hat es, dass nicht alle Schiffe statt der Magellanstraße generell den Weg um Kap Hoorn herum nehmen?

8 Gehirnjogging: Um eine mögliche Passage durch den amerikanischen Kontinent zu finden, segelte die Flotte Magellans auf ihrem Weg nach Süden in jede Bucht hinein und drehte erst wieder um, sobald Land ringsherum die Weiterfahrt versperrte. Wenn in diese Bucht jedoch von Land her ein Fluss mündete, zum Beispiel der Rio de la Plata, mussten sie nicht unbedingt so weit segeln, bis sie auf Land trafen. Eine Sache half ihnen, schon früher zu erkennen, dass sie hier nicht weiterkommen würden. Welchen »Trick« hat Magellan angewandt?

# ⟫ eingerissen

*Annäherung in der Antarktis*

Die Antarktis – eine Region der Superlative. Sie ist der stürmischste, der kälteste und der trockenste Kontinent der Erde und vor allem ein von Menschen noch weitgehend unbeeinflusstes natürliches Ökosystem. Um dieses zu erhalten, unterzeichneten mehrere Staaten 1961 den Antarktis-Vertrag. Sie verzichten darin vorerst auf die Ausbeutung von Rohstoffen und laden alle Nationen dazu ein, den Kontinent gemeinschaftlich zu erforschen. Die Bundesrepublik Deutschland ist seit 1981 mit der Georg-von-Neumayer-Station unter Leitung des Alfred-Wegener-Institutes Bremerhaven in der Antarktis vertreten. Sie war dort damit allerdings über Jahre hinweg nicht die einzige deutsche Forschungsstelle. Bereits 1976 eröffnete die Deutsche Demokratische Republik ihre Georg-Forster-Station. Obwohl beide räumlich nicht extrem weit voneinander entfernt lagen, bestand kein Kontakt. Im Gegenteil, es war den Forschern der DDR-Station sogar untersagt, mit den westdeutschen Kollegen und damit Klassenfeinden in Verbindung zu treten. Acht Jahre lang herrschte Schweigen, bis 1989 die Grenze zwischen den beiden deutschen Staaten geöffnet wurde. Schließlich waren es die ostdeutschen Kollegen, die beschlossen, dass es an der Zeit wäre, nun auch die Mauer in der Antarktis einzureißen und ihre westdeutschen Kollegen anzufunken.

Ein erstes, äußerst interessiertes Gespräch entstand, dem viele weitere folgten. Man war neugierig auf die Arbeiten und Lebensumstände der jeweils anderen und staunte darüber, was sie bisher geleistet hatten.

So gelang hier in der Antarktis eine deutsche Wiedervereinigung auf Augenhöhe, 14 000 Kilometer von der Heimat entfernt, bei Temperaturen von bis zu minus 50 Grad Celsius.

*Windstille um Mitternacht: die deutsche Antarktis-Forschungsstation Georg von Neumayer III.*

#》Fragen

## ANKOMMEN

1   Die deutsche Georg-Neumayer-Station liegt am oberen Rand der Karte. Sie ist nicht die erste Station mit diesem Namen. Wie viele Vorgängerinnen hatte sie?

2   Man erkennt auf der Karte weitere Forschungsstationen. Welche davon befindet sich unmittelbar in der Nähe des Südpols?

3   Welcher andere Pol ist neben dem Südpol noch auf der Karte verzeichnet?

## AUFWÄRMEN

4   Einige Stationen, darunter auch die deutsche, sind das ganze Jahr über bewohnt, andere nur im antarktischen Sommer. Wieder andere zeichnen vollautomatisch Umweltdaten auf. Wie sind diese Stationen gekennzeichnet?

5   Auf der Karte sind der 80. und der 85. südliche Breitenkreis zu sehen. Welcher der beiden verläuft über eine kürzere Strecke?

6   Auffällig auf der Karte ist die Lage vieler Forschungsstationen am Übergang des Landes/Eises hin zur See. Was könnte der Grund dafür sein?

## DURCHSTARTEN

7   Betrachtet man die Karte nur flüchtig, könnte man zu der Aussage gelangen, die Forschungsstation Georg von Neumayer läge am Nordrand der Antarktis. Warum ergibt das in diesem Fall allerdings keinen Sinn?

8   Die 1993 abgebaute Georg-Forster-Station lag unmittelbar neben der russischen Station Novolazarevskaja. Die Karte besitzt den Maßstab 1:13,5 Millionen. Hätten die Bewohner der beiden deutschen Stationen sich auch in der Antarktis besuchen können?

die
**#Antworten**

# ≫ Der Rätsel Lösungen

## *Nachlesen, ob's stimmt*

Bist du zufrieden mit deinen Lösungen? Hervorragend! Im folgenden Buchteil kannst du nochmal prüfen, ob du richtig liegst. Doch nicht nur das. Häufig sind die Lösungen ergänzt um manch sonderbares oder wissenswertes Detail. Damit lässt es sich beim nächsten Fest mit Freunden glänzen. Oder es ist der Auftakt, sich noch mehr mit der jeweiligen Region zu beschäftigen.

**Ganz nach Belieben.**

*Transatlantische Kommunikation auf den Azoren*

1 Sie ist an der Küste zu finden. Die Lage an der geschützten Bucht war auch der Grund, warum die Telegrafenunternehmen ihre Tiefseekabel hierher verlegten. Ein erstes Kabel übertrug ab 1893 Signale zwischen Festland-Portugal und den Azoren.

2 Der Flughafen liegt westlich von Horta an der Südküste der Insel.

3 Gesucht ist der Cabeço Gordo, gewissermaßen als »Fetter Kopf« zu erkennen und 1043 Meter hoch.

4 Es geht an die westlichste Spitze von Faial, wo man den Vulcão dos Capelinhos sieht. 1957 kam es einen Kilometer vor dieser Spitze zu vulkanischen Unterwassereruptionen; eine neue Vulkaninsel entstand, die sich in den nächsten Monaten mit der Hauptinsel verband. Die neue Halbinsel erhielt den Namen Ponta dos Capelinhos. Fast 2000 Menschen mussten nach dem Vulkanausbruch umsiedeln. Viele emigrierten in die USA.

5 Der Leuchtturm ist weit landeinwärts eingezeichnet. Dies ergab sich durch die zuvor beschriebene vulkanische Eruption. Der Farol dos Capelinhos leitete ab Ende des 19. Jahrhunderts Schiffe um die klippenreiche Westspitze von Faial. Seit der Entstehung des neuen Vulkans lässt sich der Leuchtturm vom Meer aus aber kaum noch erkennen.

6 Das kommt drauf an: Luftlinie sind es knapp 20 Kilometer von Horta zur westlichen Inselspitze, wie sich mithilfe des Maßstablineals ausmachen lässt. Eine Aussage darüber hinaus hängt von der eigenen Fitness und dem Drang nach einem langen Tag an der frischen Luft ab. Selbst diese grobe Karte lässt erahnen, dass auf einigermaßen eleganten Wegen abseits des motorisierten Verkehrs schnell mehr als 1000 Höhenmeter zusammenkommen und das Ziel erst nach circa 30 Kilometern erreicht ist.

7 Es ist keine Laune der Natur. Der Grund für diese fast schon mustergültige Gleichmäßigkeit: Bei Faial handelt es sich um eine Vulkaninsel. Der Krater, die große Caldera von Faial, ist auf der Karte bestens auszumachen. Nur die kleinen Flüsse innerhalb der Caldera fließen in entgegengesetzter Richtung und versickern in der Mitte des Vulkankraters.

*Im Winterquartier der europäischen Graukraniche*

**1** Gesucht sind Don Benito und Villa-nueva de la Serena. Nach einer Volks-abstimmung im Februar 2022 werden die Städte in den nächsten Jahren fusionieren. Gemeinsam sollen Gelder und Strukturen besser genutzt und finanziert und so auf die Landflucht reagiert werden. Wie die neu gebil-dete Gemeinde heißen wird, ist noch unklar.

**2** Es ist der Pico Villuercas (1601 Meter).

**3** Dabei handelt es sich um die etwa 60 Kilometer lange Sierra de Guada-lupe. Spanien ist nach der Schweiz das gebirgigste Land Europas. Heißt es *sierra* in Verbindung mit einer spa-nischen Region, darf man eine schrof-fe Bergkette oder ein Kettengebirge erwarten.

**4** Die N-430 führt von Valencia im Os-ten nach Badajoz im Westen von Spanien und auch durch die Dehesa de Moheda Alta.

**5** Gemeint ist der Rio Guadiana, einer der fünf großen Flüsse, welche die Iberische Halbinsel durchziehen (ne-ben Ebro, Guadalquivir sowie Tajo und Duero, die in Portugal als Tejo und Douro weiterfließen).

## » Übrigens:

**Die Dehesa, im eigentlichen Wort-sinn »Wiese«, ist ein weit ausge-dehntes Gebiet im Südwesten der Iberischen Halbinsel. Ihre ur-sprünglichen Stein- und Korkei-chenwälder wurden durch Schafe und Ziegen beweidet, sodass Hute-wälder entstanden. Bekannt ist diese Landschaft vor allem für ihre große biologische Vielfalt.**

**6** Ein grüner Laubbaum symbolisiert die Naturparks und Schutzgebiete.

**7** Die meisten Flüsse auf der Iberischen Halbinsel entwässern nach Westen und damit in den Atlantik. Auf der Kar-te ist gut zu erkennen, wie kleinere Flüsse im Osten beginnen und Rich-tung Westen in jeweils größere Flüsse münden.

**8** Sie sind künstlich angelegt. Es handelt sich um Stauseen (spanisch: *embalses)* zur Strom- und Trinkwassergewin-nung, zu erkennen an den abrupten Übergängen zwischen See und Fluss. In Fließrichtung (siehe Frage 7) mar-kiert jeweils eine kantenartige Begren-zung des Sees den Verlauf der Stau-mauer.

### Die Kanalinsel Sark – nur der Krone Untertan

1 Regelmäßige Schiffsrouten sind auf der Karte als blau gestrichelte Linien eingetragen. Sark besitzt eine direkte Verbindung zu den beiden Kanalinseln Guernsey und Jersey.

2 Nein, um nach Frankreich zu kommen, müsste man in Guernsey oder Jersey auf ein anderes Schiff umsteigen. Seit einiger Zeit diskutiert man im Inselparlament von Sark darüber, wie sinnvoll die Einrichtung einer direkten Schiffsverbindung mit Frankreich sein könnte. Der dadurch entstehende Tagestourismus würde zwar für zusätzliche Einnahmen sorgen, anderseits aber auch die Ruhe auf der Insel stören.

3 Auf der Karte ist kein Symbol (schwarzes Flugzeug auf gelbem Grund) dazu eingezeichnet. Und tatsächlich, die einzige Anreisemöglichkeit zur Insel besteht mit einem Schiff.

4 Mit seinen etwa 80 Bewohnern ist Herm die fünftgrößte Kanalinsel.

5 Es handelt sich um die Stadt Saint-Malo. Zwischen ihr und dem Nachbarort Dinard wurde übrigens 1966 ein Gezeitenkraftwerk errichtet, da in der Bucht der Wasserspiegel bei

## »  Übrigens:

Auf Sark sind außer einem Pkw für den Inseldoktor als motorisierte Fahrzeuge nur eine sehr kleine Zahl von Traktoren zur Bewirtschaftung der Felder zugelassen. Sie ziehen im Notfall auch den Feuerwehr- und den Krankenwagenanhänger.

Ebbe und Flut um bis zu acht Meter schwankt.

6 Gesucht ist das Cap de la Hague. Auf dieser Landspitze befindet sich die Wiederaufbereitungsanlage La Hague für abgebrannte Kernbrennstäbe aus Atomkraftwerken.

7 Sark, Alderney und Guernsey haben jeweils einen Leuchtturm, auf Jersey sind es gleich sechs an der Zahl ... Macht zusammen neun. Zählt man noch alle französischen auf der Karte dazu, so blinken in der Region insgesamt 18 Leuchttürme in der Nacht.

8 Es ist die Kirche Mont-Saint-Michel, die auf einem Felsen unmittelbar im Watt vor der Küste liegt.

1 Sie zeigt drei weitere: zwei auf Mainland, einen auf Foula. Es gibt zudem noch zwei kleinere Regionalflughäfen beziehungsweise Kies-Landepisten auf Papa Stour und Out Skerries.

2 Sein Name lautet Ham. Die Insel ist dauerhaft bewohnt und hat knapp 40 Einwohner.

3 Gesucht ist der Sound of Papa. Der Name verweist auf die Insel Papa Stour – seinen Ursprung zu erläutern, würde an dieser Stelle aber den Platz mehr als sprengen.

4 Gemeint ist das norwegische Ø in Øya (Insel). Wenngleich im lokalen Dialekt eher von Uyea oder Öya die Rede wäre, ist der Begriff Zeichen der skandinavischen Prägung, ebenso wie beispielsweise *ness* (Landspitze), die von dem norwegischen Ausdruck für Nase herrührt.

5 Es ist der Ronas Hill mit 450 Metern. Außergewöhnlich: Auf dem Gipfel befindet sich ein sogenannter *cairn*, ein künstlich aufgeschütteter Hügel aus Bruchsteinen. Und darin liegt ein jungsteinzeitliches Kammergrab.

6 Nein, denn der Broch of Mousa, ein während der Eisenzeit in Trockenbauweise errichteter Wohn- und Wehrturm, steht auf der namensgebenden Insel Mousa. Die Überfahrt von Mainland dauert eine Viertelstunde. Der gut 13 Meter hohe Turm gilt als das besterhaltene Beispiel solcher Bauwerke, deren Errichtung schon in der Jungsteinzeit perfektioniert war und überall auf den Britischen Inseln bekannt ist.

7 Luftlinie sind es etwa 40 Kilometer. Als Hilfsmittel dient das Maßstabslineal.

8 Gedacht ist hier an den Straßenbau. Fast schon überdimensional wirkt auf der Karte die Hauptstraße auf Mainland. Bedingt durch die Geschichte, versteht sich die shetländische Bevölkerung in vielen Aspekten eher skandinavisch als schottisch. Auch im Umgang mit dem recht jungen, plötzlichen Wohlstand orientieren sich die Inseln an Norwegen und versuchen, die Gewinne als Gesellschaft möglichst langfristig zu nutzen – was nicht nur bei Verkehrswegen, sondern auch bei öffentlichen Bibliotheken und Hallenbädern zu sehen ist.

# Antworten
## # 5
*In der schwindenden Gletscherwelt Grönlands*

1. Vier Flughäfen sind eingezeichnet: der Kangerlussuaq Airport, wichtiges Drehkreuz für den grönländischen Flugverkehr, außerdem die drei Regionalflughäfen Sisimiut, Aasiaat sowie Ilulissat.
2. Es ist der Flughafen in Ilulissat. Der Name der Stadt bedeutet übersetzt »Eisberge«, benannt nach den vielen Eisbergen im nahen Fjord.
3. Auf Dänisch heißt sie Disko Bugt, auf Grönländisch Qeqertarsuup Tunua.

4. Gesucht ist der rot eingezeichnete Arctic Circle Trail. Der etwa 170 Kilometer lange Weg ist zwischen Mitte Juni und Mitte September für gewöhnlich schneefrei. Sieben unbewirtschaftete Hütten bieten in unregelmäßigen Abständen Unterschlupf. Im westlichen Teil wird heute aus verschiedenen Gründen empfohlen, die Nordroute zu gehen.
5. Scheinbar ist dort ein UFO, ein unidentifiziertes Flugobjekt, gelandet. Es handelt sich um eine Hütte in Diskusform, die Schutz vor Wind und Wetter bietet und von der aus sich der Kangerlusarsuk Fjord überblicken lässt.

6. Gemeint sind Saqqaq und Qeqertaq. In den Orten wohnen jeweils gut 100 Menschen, die hauptsächlich vom Heilbuttfang leben.
7. Doch, alles hat seine Richtigkeit: Rechts geht der Kartenausschnitt in das Inlandeis über, das mehr als 80 Prozent Grönlands bedeckt. Im Mittel ist das Eis 1,5 Kilometer dick, an besonders mächtigen Stellen hat es sich sogar bis drei Kilometer aufgeschichtet. Mehrere Studien gehen inzwischen davon aus, dass das Schmelzen des grönländischen Inlandeises bereits unumkehrbar ist.

*Junge Inuk mit Huskywelpen in Ilulissat.*

1 Das Symbol für Bergbau sind Schlägel und Bergeisen, die wichtigsten Arbeitswerkzeuge eines Bergmanns in früheren Zeiten.

2 Auch in Malmberget wird Eisenerz abgebaut, allerdings in wesentlich geringerem Umfang als in Kiruna.

3 Sie verläuft auf diesem Kartenausschnitt in Norwegen.

## 》 Übrigens:

Einige markante oder historisch bedeutsame Gebäude Kirunas werden mit an den neuen Standort umziehen. Sei es, wie etwa die Kirche, in Einzelteilen zerlegt oder aber huckepack als Ganzes auf einem Spezialgroßtransporter.

4 Das Erz wird zum Hafen von Narvik gebracht und dort verladen. Unter Eisenbahnmenschen zählt der Abschnitt zwischen Kiruna und Narvik übrigens zu den schönsten Bahnstrecken in Europa. Neben den Güterzügen verkehren hier auch einige wenige »Fensterzüge«, also Züge für den Personentransport.

5 Auf dieser Straße erreicht man die Inselgruppe der Lofoten.

6 Leuchtturm heißt auf Norwegisch *fyr*, zu erkennen am Tennholmen fyr (Planquadrat A3), der übrigens nur von August bis Mai in Betrieb ist, weil in der übrigen Zeit in diesen Breiten die Sonne auch um Mitternacht scheint.

7 Es erwartet sie zuerst eine Fährpassage über den Tysfjorden und anschließend (auf der Karte weiß eingezeichnet) drei Tunnel. Letztere sind in Norwegen zahlreich verbreitet und wegen der schlechten Belüftungsmöglichkeit oft für Radfahrer gesperrt. Dann bleibt für alle, die in die Pedale treten, nur eine jeweils steigungsreiche Umleitung.

8 Der Golfstrom führt wärmeres Wasser entlang der norwegischen Küste nach Norden. Dadurch friert der Hafen von Narvik im Gegensatz zur nördlichen Ostsee im Winter nicht zu. Somit ist hier der Abtransport des Erzes mit Schiffen das ganze Jahr über möglich.

1  Insgesamt sind es elf Berghütten.
2  Die Hohe Tatra liegt in Polen (etwa ein Drittel) und der Slowakei (etwa zwei Drittel).
3  Der höchste Berg der Hohen Tatra ist der Gerlachovský štít, oft einfach Gerlach (oder deutsch: Gerlachspitze) genannt. Mit 2655 Metern ist dies der höchste Gipfel der Slowakei und ganz Mitteleuropas östlich der Alpen.

## » Übrigens:

In der Karte ist's nicht wirklich zu erkennen, doch in der Hohen Tatra gibt es zahlreiche Gletscherseen. Die größten von ihnen liegen auf polnischer Seite, darunter das Morskie Oko (Meerauge).

*Hohe Tatra: Die Gerlachspitze – höchster Gipfel der Slowakei.*

4  Er heißt Tatrzański Park auf der polnischen und Tatranský Národný park auf der slowakischen Seite.
5  Gesucht ist der Národný park Nízke Tatry (Nationalpark Niedere Tatra).

6  Es soll auf den Gorc (1228 Meter) gehen. Ausgangspunkt ist die Siedlung Skałka im Gebirgszug der Westbeskiden, der genau wie die Hohe Tatra zu den Karpaten gehört.
7  Man würde in die Slowakei reisen, wo sich die höheren Gipfel der Hohen Tatra befinden – viele mehr als 1500 Meter hoch, weshalb die Hohe Tatra zu den Hochgebirgen zählt. Da sie auf einer vergleichsweise kleinen Fläche liegt, ist sie auch als das kleinste Hochgebirge der Welt bekannt.

**1** 13 Grenzübergänge sind eingezeichnet.

**2** Drei Nachbarländer: Polen, Slowakei
und Ungarn. Weitere Nachbarn sind
Moldau, Rumänien, Belarus und
Russland.

**3** Gesucht ist mit 2061 Metern der
Hoverla (Schneeberg) in den Karpaten, der höchste Berg der Ukraine.
Seit dem fünfjährigen Jubiläum der
ukrainischen Unabhängigkeit im Jahre
1996 ist am Gipfel eine steinerne Ge-
denkplatte angebracht. In diese sind
Kapseln mit Erde aus allen ukrainischen Oblasten, den Verwaltungs-
gebieten, eingelassen.

**4** Er befindet sich im Karpatskyj bios-
fernyj zapovidnyk (Biosphärenreservat
Ostkarpaten). Die Karpaten ziehen
sich vom Rand des Wiener Beckens
über mehr als 1300 Kilometer bis
nach Rumänien.

**5** Es heißt Synjak. In dem Dorf leben
etwa 200 Menschen. Bereits im
18. Jahrhundert waren Hirten auf die
heilende Wirkung des dortigen Quell-
wassers aufmerksam geworden. Später wurde daher eine Kuranstalt er-
baut und 1855 das eigentliche Dorf
Blaubad gegründet.

**6** Gesucht ist Przemyśl, eine Stadt mit
etwa 60000 Einwohnern im Karpaten-
vorland. Aufgrund ihrer Lage wenige
Kilometer von der Grenze entfernt
und an der Bahnstrecke nach Lwiw
wurde sie nach dem Beginn des russischen Angriffskriegs auf die Ukraine
im Februar 2022 schnell zu einem
wichtigen ersten Fluchtpunkt für
Ukrainerinnen und Ukrainer.

**7** Aus allen Richtungen laufen Straßen
(und auch Eisenbahnlinien) auf die
Stadt zu. Eine solche Kartensituation
deutet bereits an, dass ein Ort schon
in der Vergangenheit ein für Menschen wichtiger Kontaktpunkt und
relevantes Handelszentrum war.

## 》 Übrigens:
Vielzählige historische Baustile lassen sich bis heute in Lwiw finden –
ein jeder von ihnen ist ein Fenster
in die Vergangenheit der Stadt und
der Region.

*Vorgelagerte Inseln wie der Lido (rechts) trennen Lagune und Meer.*

1 Es sind acht Leuchttürme zu sehen, zu erkennen an dem Turmsymbol mit den fünf Strahlen. Sie helfen seit jeher dem Schiffsverkehr, zeigen Fahrwasser an oder warnen vor Untiefen. Ein neunter Leuchtturm findet sich im unteren Kartendrittel, gehört allerdings schon zum Podelta.

2 Auf Italienisch heißt sie Laguna Veneta.

3 Gesucht sind von Nord nach Süd: Litorale del Cavallino, Litorale di Lido sowie Litorale di Pellestrina.

4 Die Meeresküste wird gerne zum Baden genutzt, denn anders als auf den Inseln in der Lagune gibt es hier einen natürlichen Sandstrand. Zu literarischem Ruhm gelangte vor allem der Lido von Venedig. Hier entstand 1855 das erste öffentliche Bad Europas und war bald Inbegriff des Strand- und Badebetriebs.

5 Piazza San Marco, zu erkennen am schwarzen Sternchen, mit dem in der Karte touristische Sehenswürdigkeiten markiert sind.

6 Die Lagune von Venedig hat eine Nord-Süd-Ausdehnung von etwa 50 Kilometern. Das Maßstabslineal am unteren Bildrand hilft beim Ausmessen.

7 Die dunklere Blaufärbung gibt den Hinweis: Besonders flach ist die Lagune im Norden, im Palude Maggiore genannten Teil, einem großen Sumpfgebiet. Der zentrale und südliche Teil der Lagune wird dahingegen immer weiter ausgebaggert, damit Öltanker und Kreuzfahrtschiffe einfacher hineingelangen. So verwandelt sich die Lagune derzeit in zentralen Bereichen potenziell in einen Meeresarm, wodurch sich die bekannte Tier- und Pflanzenwelt rasant verändert.

**1** Gesucht sind die vorgelagerten Inselgruppen Juzor As Sawadi und Juzor Ad Daymaniyat. Beide sind unbewohnt und als Naturschutzgebiet ausgewiesen, um die dort brütenden Seevögelkolonien zu schützen.

**2** Der Flughafen trägt den Namen Muscat International Airport und ist das landesweite Drehkreuz für den internationalen und den inneromanischen Flugverkehr.

**3** Es ist die Fernstraße 15.

**4** Jede Oase wird mit einer Palme dargestellt. Wie man auf dem Kartenausschnitt erkennen kann, gibt es abseits der Küste ziemlich viele davon.

**5** Gemeint ist die Oasenstadt Nizwa mit ihren etwa 80 000 Einwohnern. Bis ins zwölfte Jahrhundert hinein war sie die Hauptstadt des Omans. Berühmt ist Nizwa nach wie vor für den Viehmarkt, der immer freitags stattfindet.

**6** Sie heißt Al Hoota und wurde erst 1974 zufällig entdeckt. Seit 2006 ist die Höhle für Touristen zugänglich. Wie weit sie in den Berg hineinragt, ist noch nicht gänzlich geklärt, da erst fünf Kilometer erforscht sind.

**7** Südöstlich der Küstenstadt Barka finden Kamelrennen statt. Die Wettbewerbe starten wegen der etwas geringeren Hitze jeweils kurz vor Sonnenaufgang, um die Tiere zu schonen, die eigentlich auf Ausdauer und nicht auf Sprints spezialisiert sind.

**8** Gesucht ist das Besucherzentrum der Parfümfabrik Amouage. Der Oman wird auch als Land der Düfte bezeichnet, weswegen der Sultan in den 1980er-Jahren den Auftrag zur Gründung einer omanischen Parfümherstellung gab.

## 》 Übrigens:

Das Sultanat Oman versorgt seine Bewohner und Bewohnerinnen zu 70 Prozent mit Trinkwasser aus Meerwasser-Entsalzungsanlagen. Der Rest wird durch Grundwasserentnahme gedeckt. Da die Bevölkerungszahl im Sultanat stetig wächst, muss jährlich eine weitere Entsalzungsanlage zugebaut werden.

1 Auf der Karte sind fünf Flughäfen und vier Flugplätze zu sehen.

2 Gesucht ist Osch (auf der Karte: Osh).

3 Osch liegt in Kirgisistan (auf der Karte: Kyrgyzstan). Die Grenze befindet sich westlich, zu erkennen als graue Strichlinie, die zusätzlich rot gefettet ist. Der amtliche Name ist Kirgisische Republik. Im Deutschen sind neben Kirgistan auch die Namen Kirgisistan oder veraltet Kirgisien gebräuchlich.

*Yaks auf einer Hochgebirgsweide vor dem Pik Lenin.*

4 Der Pik Lenin an der Grenze von Kirgisistan und Tadschikistan (auf der Karte als Pik Abuali ibni Sino beziehungsweise Pik Lenina bezeichnet) ist 7134 Meter hoch. Ursprünglich wurde der Berg Pik Kaufmann genannt; der Name Pik Abuali ibni Sino bezieht sich auf den persischen Philosophen Avicenna und ist in Tadschikistan seit 2006 in Gebrauch.

5 Osch liegt am Ostrand des Tals. Gut an der Farbgebung der Karte zu erkennen: Der Talboden ist grün eingezeichnet, höhere Gegenden sind bräunlich, Hochgebirge erkennt man an Grautönen, Gletscher erscheinen bläulich-weiß.

6 Es sind etwa 150 Kilometer Luftlinie. (Das Maßstabslineal rechts unten hilft bei der Berechnung: Die Gesamtstrecke in der Karte beträgt etwa 10,5 Zentimeter. Das ist das Dreifache der Strecke von 3,5 Zentimeter, die 50 Kilometer in der Natur bedeuten. Und 3 x 50 Kilometer = 150 Kilometer.)

7 Gesucht ist die Enklave Sokh. Neben dieser ist eine weitere (usbekische), deutlich kleinere Enklave in Kirgisistan – Vorukh – zu erkennen.

1  Er zeigt Russland. Im Süden schließen sich die Mongolei und China an.
2  Die Großlandschaft heißt auf Russisch Sibirskoye ploskogorye beziehungsweise Среднесибирское плоскогорье.
3  Es sind drei Berge, erkennbar an den schwarzen Dreiecken mit Höhenangaben (766 Meter, 774 Meter sowie 1044 Meter). Sie liegen im nordwestlichen Teil der russischen Landschaft, dem Putorana-Gebirge (Gory Putorana). Ein weiterer Berg ist am unteren Kartenrand eingezeichnet, er befindet sich allerdings in der Mongolei.

4  Vanavara liegt an der Tunguska. Der Fluss war namensgebend für das beschriebene Tunguska-Ereignis.
5  Gesucht ist der Yenisey beziehungsweise Jenissei, der größte und wasserreichste Fluss Sibiriens und einer der längsten Flüsse der Erde.
6  Gemeint ist die Lena. (Tatsächlich entspringt auch ein weiterer »Großer« im Kartenausschnitt, der Ob. Allerdings ist dessen Mündung nicht zu erkennen.)

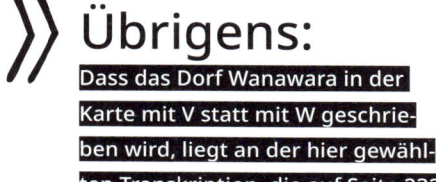

>> Übrigens:

Dass das Dorf Wanawara in der Karte mit V statt mit W geschrieben wird, liegt an der hier gewählten Transkription, die auf Seite 232 noch genauer erklärt werden wird.

7  Tompa liegt am Nordostufer des Ozero Baykal – kein Geringerer als der Baikalsee, der wasserreichste Süßwassersee der Erde. Er fließt über die Angara ab, die wiederum in den Yenisey (Jenissei) und letztlich in die Karasee, einen Teil des Polarmeers, strömt. Bis dorthin also könnte die Flaschenpost gelangen.
8  Beim Aufgeben der Flaschenpost würde er besser nicht auf eine Glasflasche zurückgreifen. Trotz Klimawandel sind über den Winter die Gewässer Sibiriens noch immer gefroren, der Baikalsee beispielsweise ist etwa von Mitte November bis Anfang Mai mit Eis bedeckt. Um die Flaschenpost möglichst unbeschadet durch die Weite Sibiriens und weit über den Nördlichen Polarkreis hinaus zu schicken, würde man wohl auf eine Flasche aus Plastik (oder Aluminium) zurückgreifen, die eher zerbeult als zerbricht.

## #13
*Przewalski-Pferde in der Mongolei*

1 Es sind vier Schutzgebiete. Von Nord nach Süd: Khar-Us Nuur, Khoh Serhiin Nuruu, Myangan Ugalzat sowie Gobiin Ikh Darhan Gazar »B«.

2 Gesucht ist der Khatzan Burgedtey Uul mit 2106 Metern.

3 Die nächste in der Karte eingezeichnete Siedlung ist Hash.

4 Prägendes Element ist das Wasser. Der Name Khar-Us Nuur bedeutet Schwarzwassersee. Daneben gibt es hier drei weitere Seen sowie die Rashaant-Schlucht mit Wasserfällen.

5 Vergleichsweise groß scheint laut Karte die als Nummer 14 gekennzeichnete Straße zu sein, sie sollte sich für eine Überquerung der Berge gut eignen. Verschlägt es einen tatsächlich mit dem Auto in diese Gegend, rückversichert man sich vor dem Losfahren wahrscheinlich zusätzlich zur Karte bei Einheimischen.

6 Zur Beantwortung kurz das Maßstabslineal zur Hilfe nehmen: Das Schutzgebiet hat eine Größe von etwa 150 Kilometern in der Ost-West-Ausdehnung und etwa 60 Kilometern in der Nord-Süd-Ausdehnung. Insgesamt also rund 9000 Quadratkilometer.

7 Grundsätzlich möglich wäre es natürlich immer, Schutzgebiete deutlich zu erweitern. Allerdings sind die beiden angesprochenen Schutzgebiete durch die bis zu über 4000 Meter hohen Berge des Mongolischen Altai getrennt, eine natürliche Barriere für die Tiere. Besser denkbar – und tatsächlich in Erwägung gezogen – wäre stattdessen die Verbindung mit dem Großen Gobi-A-Schutzgebiet, das südöstlich außerhalb der Karte zu finden ist.

*Takhis trotzen dem mongolischen Winter.*

1   Sie tragen die Nummern 110 und 130.

2   Um schnell nach Songdo zu gelangen, würde man den Expressway 110 wählen und dabei die im Jahre 2009 eröffnete zwölf Kilometer lange Incheon-Brücke überqueren.

3   Gesucht ist der Gimpo International Airport. Er wird heute hauptsächlich für den innerkoreanischen Luftverkehr und für einige Verbindungen zu den Nachbarstaaten China und Japan genutzt.

## ≫ Übrigens:

Wer sich einen Überblick über Seoul und seine Umgebung verschaffen möchte, dem sei hierzu die Aussichtsplattform des N Seoul Tower ans Herz gelegt. Der Fernsehturm befindet sich mitten in der Stadt auf einem Berg und bietet ringsherum atemberaubende Ausblicke auf die Metropole am Tage und auf ein Lichtermeer bei Nacht. Männer können diesen Blick auch von der Toilette aus genießen.

4   Das ist der Hangang. Weil *gang* die koreanische Bezeichnung für Fluss ist, wird er im Deutschen auch öfter als Han-Fluss bezeichnet.

5   Er heißt Bukhansan National Park. Sehr einsam ist es hier nicht. Jedes Jahr werden mehr als zwölf Millionen Besucher gezählt, auch weil man den Park bequem von Seoul aus mit der U-Bahn erreicht.

6   Im Prinzip führt der Expressway 100 immer im Kreis herum. Er bildet die äußere Ringautobahn rund um die Stadt Seoul.

7   Es sind neun Tempel eingezeichnet, zu erkennen an dem Buddhasymbol. In Südkorea gehören etwa 22 Prozent der Bevölkerung dieser Religion an, weitere 30 Prozent sind Christen, während die übrigen Südkoreaner religiös ungebunden sind beziehungsweise konfuzianischem Gedankengut anhängen.

8   Seoul ist ein direkter Schifffahrtsweg zum Gelben Meer versperrt, weil der Hangang im Unterlauf zum Teil der Sperrzone wird und somit nicht befahren werden darf.

# #15
## *In der Megacity Tokio*

**1**  Sie heißt Uchibori-dōri. Der Tenno, der japanische Kaiser, bewohnt bis heute mit seiner Familie die mehr als sieben Quadratkilometer große Parkanlage.

**2**  Es gibt zwei Metrostationen. Ganz im Norden Kudanshita, weiter östlich Takebashi. (Eine dritte Metrostation, Sakuradamon, liegt im Süden, allerdings heißt in der Karte dieser Abschnitt der Ringstraße Iwaida-dōri.)

**3**  Gesucht ist das National Museum of Modern Art mit einer der größten Kunstsammlungen Japans. Hier sind Werke aus dem frühen 20. Jahrhundert bis hin zu zeitgenössischer Kunst zu sehen.

**4**  Aus östlicher Richtung, denn dort befindet sich Tokyo Station. Das auf seiner Westseite rote Backsteingebäude wurde 1914 eröffnet; in diesem ursprünglichen Teil orientierte es sich am Baustil repräsentativer europäischer Gebäude jener Zeit. Dem Namen nach ist dies der Hauptbahnhof der Hauptstadt mit täglich mehr als 3000 ein- und ausfahrenden Zügen und ein wichtiger Knotenpunkt des Shinkansen-Netzes, des japanischen Hochgeschwindigkeitszugs. Doch andere Bahnhöfe der Megacity wie Shibuya sind noch frequentierter.

**5**  Gesucht ist der Hibiya Koen. Als erster Park in Tokio wurde er im westlichen Stil angelegt und verfügt über Elemente wie Brunnen, Musikpavillons oder einen Rosengarten. Aus den USA stammt eine Kopie der Freiheitsglocke von Philadelphia, ein hölzernes Informationshaus trägt den Namen Deutsches Haus.

**6**  Japan ist eine parlamentarische Monarchie. Südlich des Kaiserpalastes sind unterschiedlichste Regierungsgebäude und Institutionen zu finden, darunter das Außen- oder Finanzministerium (Ministry of Foreign Affairs und Ministry of Finance).

**7**  Diese Situation lässt auf eine geplante Stadtentwicklung schließen. Immer wieder rauschten Feuersbrünste durch Teile der Stadt, 1923 zerstörte ein Jahrhundertbeben Tokio, ein weiteres Mal lag die Metropole zum Ende des Zweiten Weltkriegs in Schutt und Asche. »Gewachsene« Stadtstrukturen gibt es daher wenig, vieles entstand wiederholt am Reißbrett.

*In den Waldgärten von Kandy*

1 Insgesamt elf Wasserfälle sind eingezeichnet: die Hunas Falls nördlich von Kandy, außerdem (entgegen dem Uhrzeigersinn) die Carolina, St. Clair, Devon, Ramboda, Elgin, Manawela, Kurundu Oya, Uma Oya und Ratna Ella Falls sowie ein in der Karte namentlich nicht genauer benannter Wasserfall.

2 Aus drei Richtungen: Der Zug erreicht Kandy von Norden aus, in der Nachbarstadt Peradeniya treffen sich die Bahnlinien aus westlicher und südlicher Richtung.

3 Es ist der Sri Dalada Maligawa, erkennbar am Buddha im Lotussitz. Auf Deutsch ist er besser als Zahntempel bekannt. Der im Tempel aufbewahrte Zahn sei, so die Überlieferung, der linke Eckzahn Buddhas – ihm wurden seit jeher spirituelle Schutzkräfte zugeschrieben.

4 Sie startet im Dorf Deanston. Von hier aus geht es auf einem Pfad zum Mini World's End, einem Panorama-Aussichtspunkt auf einem senkrecht weit abfallenden Fels.

5 Gesucht ist die Knuckles Range. Aus manchen Blickrichtungen erinnern die Berge aus der Ferne an die namensgebenden Knöchel (*knuckles*) einer geballten Faust.

6 Die Berge reichen bis auf etwa 1900 Meter Höhe. Namentlich eingezeichnet ist der Tunhisgala (Knuckles) mit 1863 Metern, außerdem ein unbenannter Punkt ein Stück nordwestlich mit 1904 Metern. Dabei handelt es sich um den Gombaniya. Beides sind Berge, die zu den in Antwort 5 beschriebenen »Knöcheln« gehören.

7 Gemeint ist das Tea Research Institute westlich von Nuwara Eliya. Die 1925 gegründete staatliche Forschungseinrichtung widmet sich allen Fragen des Anbaus und der Verarbeitung von Tee.

8 Nein, nicht ganz: Der Zug hält in Nanu Oya, aber Nuwara Eliya liegt etwa acht Kilometer entfernt und 300 Meter höher. Unter Bahnbegeisterten zählt die Strecke, die zur sogenannten Main Line zwischen dem Hochland mit seinem Dschungel, seinen Plantagen und Waldgärten sowie dem Hafen der Hauptstadt Colombo gehört, zu Asiens malerischsten Zuglinien.

# #17
*Beeindruckende Millimeterarbeit in Thailand*

1. Am nördlichen Ende des Golfs von Thailand liegt die Bucht von Bangkok.
2. Der kürzeste (und schnellste) Weg ist die Schiffsverbindung quer über die Bucht. Auf der Route werden zur Beförderung Katamarane eingesetzt, die knapp zwei Stunden für eine Überfahrt benötigen.
3. Gesucht ist der Menam Chao Phraya.

*Der Eisenbahnmarkt zwischen zwei Zügen.*

4. Der Eisenbahnmarkt liegt in der Stadt und gleichnamigen Provinz Samut Songkhram. Die Bahnstrecke ist auf der Karte als weiß-grau gestrichelte Linie zu erkennen.
5. Ein grüner Elefant markiert den Khao Kheow Open Zoo. Dieser erstreckt sich über mehr als 2000 Hektar und umfasst auch einen Abschnitt, in dem Besucher nach Einbruch der Dunkelheit den Geräuschen der nachtaktiven Tiere lauschen können.
6. Man erreicht das Pasak Cholassit Reservoir, einen künstlich angelegten See, dessen Staudamm neben der Erzeugung von Strom hauptsächlich der Wasserregulierung des Flusses Menam Pa Sak dient.
7. Ihr Name lautet River Kwai Bridge oder, wie der Roman von Pierre Boulle im Deutschen heißt, »Die Brücke am Kwai«. Das Buch handelt von Soldaten, die in Kriegsgefangenschaft dazu gezwungen werden, eine Eisenbahnbrücke über den Fluss zu bauen. Es basiert auf wahren Begebenheiten, die sich 1943 an dieser Stelle abgespielt haben. Für die Verfilmung wurde allerdings ein Drehort in Sri Lanka gewählt.
8. Land und viele Kanäle – und das unmittelbar am Meer mit seinem salzhaltigen Wasser. Tatsächlich wird hier Meerwasser auf großen Feldern verdunstet und dadurch Salz gewonnen.

*Die Hawker Center in Singapur*

1 Im Englischen wird die Stadt Singapore geschrieben. Sie wurde 1819 als Handelsniederlassung der Britischen Ostindien-Kompanie gegründete und erklärte sich 1965 für unabhängig.
2 Im Norden grenzt Thailand an Malaysia.
3 Zwischen Singapur und der Insel Sumatra verläuft die Strait of Malacca (Straße von Malakka). Sie ist die kürzeste Verbindung für alle Schiffe, die aus den Häfen von China, Japan und Südkorea in Richtung Indien, Vorderasien und Europa fahren.

4 Singapur liegt etwa 150 Kilometer nördlich des Äquators, also auf der Nordhalbkugel der Erde.
5 Sie gehören zur Kepulauan Mentawai (*kepulauan* ist das indonesische Wort für Inselgruppe).
6 Das kulturelle Zentrum der Minangkabau ist Bukittinggi. Besonders prächtig feiert dieses Volk Hochzeiten. Der Ehemann zieht anschließend zur Sippe seiner Frau, die ihn gegenüber Bekannten als »Gast in meinem Haus« vorstellt.

7 Nein. Man erkennt zwar auf der Karte schwarz-weiß gestrichelte Linien rund um die beiden Städte, aber die regionalen Netze sind nicht miteinander verbunden.
8 Gesucht ist der Lake Toba. Der mit Wasser gefüllte Krater des Vulkans Toba brach vor etwa 75 000 Jahren aus und sorgte mit seinen sich in der Erdatmosphäre verteilenden Aschepartikeln dafür, dass weniger Sonnenstrahlen die Erde erreichten. Die weltweite Durchschnittstemperatur fiel dadurch um bis zu vier Grad Celsius.

## » Übrigens:

Die Hawker Center wurden 2020 in die UNESCO-Weltliste zur Erhaltung des Immateriellen Kulturerbes aufgenommen. Zur Begründung hieß es unter anderem, dass diese als gemeinschaftlich genutzter Raum dienen, der Menschen unterschiedlicher sozialer und ethnischer Herkunft zusammenführt und damit zur Stärkung des Miteinanders in der multikulturellen Stadt beiträgt.

# #19
## *Die Gewürzinseln in Indonesien*

1 Die größte Insel der Gruppe heißt Banda Naira. Im gleichnamigen Hauptort der Insel befindet sich heute ein kleines Museum, das an die Leiden der indigenen Bevölkerung während der Kolonialzeit erinnert.

2 Ihr Name lautet Ambon. Sie ist zugleich der Hauptstadt der Molukken und Standort des wichtigsten Hafens der Inselgruppe.

3 Im Norden der Karte grenzen die Philippinen an Indonesien (Staatsgrenzen werden in Karten gerne gestrichelt, wobei jeweils an den einzelnen Enden ein kürzerer senkrechter Strich hinzugefügt wird). Wer genau hinschaut, erkennt am nordöstlichen Rand der Karte noch den Zipfel eines dritten Staates. Es handelt sich um die Republik Palau, einen Inselstaat im Pazifik, der zu Mikronesien gehört.

4 Die Entfernung beträgt etwa 100 bis 130 Kilometer, was sich anhand der im oberen Teil der Karte eingezeichneten Maßstabsleiste abschätzen lässt.

5 Gesucht sind der Bogani Nani Wartabone National Park und die Insel Minahasa.

6 Er zeigt 24 indonesische Flughäfen, wobei sich die meisten Bewohner ein Ticket nicht leisten können und lieber eine der allerdings nicht sehr zahlreichen Fähren in dem Gebiet nutzen.

7 Nord- und Südhalbkugel der Erde werden durch den Äquator (auf der Karte: Equator) getrennt. Dieser verläuft mitten durch die Karte, also liegen die Banda-Inseln auf der südlichen Erdhalbkugel.

8 Die Stadt Patani liegt hier genau auf dem Äquator. Könnte man in die Karte weiter hineinzoomen, läge sie aber ganz knapp auf der Nordhalbkugel.

## 》 Übrigens:

Die Banda-Inseln und die Molukken bieten genau das, was man sich als tropisches Paradies erträumt: einsame weite Sandstrände mit Palmen und kristallklarem Meer. Damit sind diese Inseln auch ein Geheimtipp für Tauchsportbegeisterte.

1 Durch Alice Springs führt der Highway 87. Die beiden nächsten Städte sind Darwin im Norden und Port Augusta im Süden, beide jeweils über 1400 Kilometer oder – wie man in Australien eher rechnet – 2,5 Flugstunden entfernt.

2 Die Eisenbahnlinie wird Central Australia Railway genannt und wurde erst im Jahre 2004 als durchgängige Strecke zwischen dem Norden und dem Süden Australiens fertiggestellt. Auf ihr verkehren zwar auch Personenzüge, etwa der Reisezug The Ghan, doch hauptsächlich befahren Güterzüge diese Strecke.

3 Sie heißt MacDonnell Ranges.

*Trockenheit kennzeichnet das Outback Australiens.*

nial)-Name Ayers Rock in den Hintergrund getreten ist. Seitdem die Kultur der indigenen Volksgruppen stärker geachtet wird, darf der für die Anangu heilige Berg durch Touristen nicht mehr bestiegen werden.

4 Gesucht sind der Lake Neale und der Lake Amadeus.

5 Er lautet Ti-Tree Aboriginal Land. Derzeit leben hier etwa 1000 Bewohner über das Gebiet verteilt in Kleinsiedlungen.

6 Auf diesem Weg erreicht man den felsenartigen Monolith Uluru. Er trägt seit 2002 offiziell den Namen, den er bereits seit Jahrtausenden bei dem dort ansässigen Volk der Anangu besitzt, während der frühere (Kolo-

7 Das ist der Mount Liebig mit einer Höhe von 1525 Metern.

8 Gemeint sind die Henbury Meteorite Craters. Dort erreichten Gesteinsbrocken aus den Weiten unseres Sonnensystems vor knapp 5000 Jahren den Erdboden und formten beim Einschlag mehrere Krater, von denen der größte etwa 15 Meter tief und 180 Meter breit ist.

## Veränderungen im Great Barrier Reef Australiens

1 Die genaue Bezeichnung des Schutzgebietes lautet Great Barrier Reef Marine Park. Hier sind zwar touristische Aktivitäten, Fischerei und Schiffsverkehr zu den Häfen an der Küste weiterhin erlaubt, allerdings beschränkt auf bestimmte Abschnitte des Parks, um die sensiblen Bereich der Korallenriffe zu schonen.

2 Das Marion Reef liegt außerhalb des Marine Parks.

3 Größte Stadt innerhalb des Kartenausschnitts ist Rockhampton (61 000 Einwohner). Je größer die Schrift des Namens ist, desto mehr Einwohner hat ein Ort.

## ≫ Übrigens:

Das Great Barrier Reef ist an vielen Abschnitten zusätzlichen Belastungen ausgesetzt, weil über die Flüsse von Land her große Menge Düngemittel in den Marine Park gespült werden. Diese Stoffe stammen von Auswaschungen der intensiv landwirtschaftlich genutzten Flächen (insbesondere für Zuckerrohr) entlang der Küste.

4 Nördlich der Küstenstadt Gladstone befindet sich der Curtis Island National Park, in dem eine besondere Art von Regenwald geschützt wird.

5 In der Hervey Bay halten sich im australischen Winter (Mai bis September) besonders viele Buckelwale auf.

6 So gelangt man nach Gin Gin. Der Name ist aus der Sprache der indigenen Bevölkerung der Aborigines abgeleitet und bedeutet in etwa »Dickes Gestrüpp auf roter Erde«.

7 Die Fernstraße wird auch Bruce Highway genannt. Eine entsprechende Beschriftung findet sich in dem Abschnitt zwischen den Städten Rockhampton und Mackay.

8 Auf der Karte sind an den Eisenbahnstrecken im Binnenland mehrere Bergbaustätten mit dem Symbol eines gekreuzten Schlägels und Eisens eingetragen. Eine davon heißt Newlands Coal Mine (coal = Kohle). In der Tat befinden sich hier einige der großen Minen, in denen Steinkohle oberirdisch abgebaut und mit Güterzügen an die Küste transportiert wird.

*Mit Lake Pedder über einen Kanal verbunden: der Gordon-Stausee.*

**5** Die für gewöhnlich gut zehnstündige Nachtverbindung führt nach Melbourne.

**1** In dem Kartenausschnitt sind auf der Insel Tasmanien sieben Nationalparks (erkennbar an der grünen Schrift und dem Kürzel N. P. für National Park) zu sehen. Nicht mitgezählt werden die beiden Schutzgebiete nördlich der Hauptinsel.

**2** Die Meerenge heißt Bass Strait. An der schmalsten Stelle ist sie 200 Kilometer breit; ihre Wassertiefe liegt bei durchschnittlich 50 Metern. Das ist vergleichsweise wenig – bis zum Ende der letzten Eiszeit war Tasmanien sogar mit dem Festland verbunden.

**3** Ja, Lake Pedder ist als blauer Schriftzug im grün umrandeten South West National Park eingezeichnet.

**4** Man landet in Hobart, der Hauptstadt Tasmaniens. Tatsächlich gibt es bei Launceston noch einen zweiten Flughafen, der allerdings nicht eingezeichnet ist.

**6** Ja, das ist möglich. Als das Wasserkraftwerk gebaut wurde, entstand eine Siedlung für die Arbeiter: Strathgordon. Dorthin führt seitdem eine Straße.

**7** Ein einziger Berg ist in der Karte eingezeichnet, der Mount Ossa mit 1617 Metern. Tatsächlich ist dies auch der höchste Berg Tasmaniens, er befindet sich im Cradle Mountain-Lake St. Clair National Park.

## ⟫ Übrigens:

Den Cradle Mountain-Lake St. Clair National Park initiierte der gebürtige Österreicher Gustav Weindorfer, nachdem er nach seiner Auswanderung nach Australien erstmals 1909 im Nordwesten Tasmaniens in die Berge ging und ihn die Schönheit der dortigen Natur begeisterte.

# #23
*Frühes Ankern vor der Küste Neuseelands*

1 Es sind insgesamt 13 Meeresarme. Von Nord nach Süd: Milford, Sutherland, Bligh, George, Caswell, Charles, Nancy, Thompson, Doubtful, Dagg und Breaksea Sound. Außerdem, im äußersten Südwesten, Edwardson und Long Sound.

2 Im Kartenausschnitt sind sechs Airports und Landepisten eingetragen, erkennbar am schwarzen Flugzeug auf gelbem Kreis.

3 Gesucht ist der Fiordland National Park. Die Südwestküste zählt zu den dramatischsten und wildesten Landschaften Neuseelands. Bis heute ist dieser Teil des Landes der am wenigsten zugängliche.

4 Auf der Fernstraße 94.

5 Die (Weit-)Wanderwege sind durch ein schwarzes Symbol (Wanderer) erkennbar. Der nördlichste dieser als *tracks, trails* oder auch *great walks* benannten Routen im Kartenausschnitt ist der Pyke Big Bay Track, eine 60 Kilometer lange Rundwanderung für Wandererfahrene, die auch selbstständige Wegfindung und Flussdurchquerungen nicht scheuen.

6 Er heißt Queenstown und ist das neuseeländische Epizentrum vor allem für Partybegeisterte, Abenteuersuchende und Adrenalinjunkies. In Karten gilt für gewöhnlich: Je größer der Name eingezeichnet ist, desto mehr Einwohner hat der Ort.

7 Noch vier weitere der in »Mittelerde« spielenden Geschichte sind in der Karte eingezeichnet – analog zu »River Anduin« in Anführungszeichen: »Fangorn Forest«, »Isengard«, »Lothlorien« und »Amon Hen«.

8 Ja, die gibt es: Auf der Karte ist eine kurze Bahnlinie zwischen Kingston (am Südende des Lake Wakatipu) und Fairlight zu sehen. Sie ist Teil der Eisenbahnlinie, die ab Ende des 19. Jahrhunderts bis ganz in den Süden nach Invercargill führte. 14 Streckenkilometer werden heute sieben Monate im Jahr als Museumseisenbahn betrieben. Insgesamt durchziehen knapp 4000 Schienenkilometer Neuseeland.

1   Die Datumsgrenze ist als rot gepunktete Linie auf der Karte verzeichnet und verläuft hier östlich des 180. Längengrades.
2   Gesucht sind die Insel Viti Levu mit der Hauptstadt Suva. Die Inseln der Republik Fidschi werden von etwa 900 000 Menschen bewohnt.
3   Genau auf dem 180. Längengrad liegt die Insel Taveuni.

4   Tongas Hauptstadt heißt Nuku'alofa. Im Januar 2022 brach etwa 70 Kilometer von hier entfernt im Pazifik der Vulkan Hunga Tonga-Hunga Ha'apai aus. Er ist ein unterseeischer Vulkan, also reicht seine Spitze nicht über den Meeresspiegel hinaus. Trotzdem quoll die Asche pilzartig aus dem Meer, wurde verweht, ging großflächig über den Tongainseln nieder und verursachte dort dauerhafte Schäden in der Landwirtschaft sowie in der Trinkwasserversorgung.
5   Gemeint sind die Samoainseln. Die westlichen Inseln bilden seit 1962 einen unabhängigen Staat, der sich 2011 dazu entschied, das Datum Neuseelands zu übernehmen.
6   Die Einwohner von Wallis und Futuna sind Franzosen, zu erkennen an der Abkürzung (Fr.) und an der französischen Bezeichnung Île für Insel.

7   Die tiefste Stelle liegt 10 882 Meter unter dem Meeresspiegel und befindet sich im Tongagraben.
8   Auf der Karte sind drei Atolle eingezeichnet. Sie heißen Nukunonu, Fakaofa und Swains's Atoll und liegen in der nordöstlichen Ecke der Karte. Dort leben insgesamt etwa 1000 Menschen.

## ⟫ Übrigens:

Mit seinen 10 882 Metern Tiefe ist der Tongagraben nahe dran an dem, was heute weltweit als tiefster Punkt unter dem Meer gilt. Dies ist mit circa 11 000 Metern eine Stelle im Marianengraben etwa 2000 Kilometer östlich der Philippinen.

1 Tahitis Hauptstadt ist Papeete. Auf der Karte wurde die tahitische Schreibweise Pape'ete gewählt.

2 Sie haben Wasser unter sich. Weil es auf der steilen gebirgigen Vulkaninsel nicht genügend Platz gibt, wurde für den Flughafen im Jahre 1959 eine entsprechende Fläche im Meer aufgeschüttet.

3 Der Flughafen liegt auf der Fläche der Stadt Faa'a. Und weil sie so schön ist, hier ihre tahitische Schreibweise: Fa'a'ā.

4 Die Insel im Hafen von Papeete heißt Motu Uta.

5 Über den Passe Irihoru gelangen Schiffe in den Hafen von Paea.

6 So erreicht man den Aussichtspunkt Pointe Venus, wo am 3. Juni 1769 Astronomie-Geschichte geschrieben wurde. Der Seefahrer James Cook und die mitgereisten Astronomen maßen hier die Zeitdauer, in der sich der Planet Venus auf seiner Bahn genau zwischen Erde und Sonne schob. Dieser Venustransit wurde an mehreren Orten der

# Übrigens:

Die Geschichte der Meuterei auf der Bounty diente als Grundlage einer Verfilmung im Jahre 1962. Hauptdarsteller Marlon Brando verliebte sich bei den Dreharbeiten in eine Tahitianerin, heiratete sie, erwarb ein Anwesen auf Tahiti und bekam mit seiner Frau zwei Kinder.

Erde gemessen. Durch den Vergleich der Daten waren erstmals Berechnungen möglich, wie weit die Sonne und die Planeten unseres Sonnensystems von der Erde entfernt sind.

7 Dazu würde man sich am besten in das Musée de Tahiti et des Îles begeben.

8 Südlich von Papeete und östlich des Massif du Pic Vert hat man am Ende eines unbefestigten Weges einen wunderschönen Ausblick auf zwei Wasserfälle.

1 Man könnte ein Auto oder auch einen Zug benutzen, wobei die Ägyptische Staatsbahn für den Abschnitt von Suez nach Ismailia derzeit keinen Personenverkehr anbietet.

2 Sie heißen Great Bitter Lake und Little Bitter Lake, also Großer und Kleiner Bittersee.

3 Port Said, Ismailia und Fayed haben einen Flughafen, wobei Letzterer hauptsächlich für militärische Zwecke genutzt wird.

4 Gesucht i st der Bahr el Ismâʿilia, auch als Ismailia-Kanal bezeichnet.

5 Dabei handelt es sich um Wadis. Viele von ihnen sind in der Karte mit der Schreibweise *wâdi* eingezeichnet.

6 Eine Fahrt dauert zwischen zwölf und 13 Stunden. (193 Kilometer / 15 Kilometer pro Stunde = 12,86 Stunden)

7 Zugegeben eine etwas gemeine Frage. Denn die Antwort lautet »Null«. Es gibt auf der Karte also keine Staustufen im Suezkanal, und in der Tat verläuft der komplette Kanal auf Meeresspiegelniveau.

8 Die Nutzung des bereits vorhandenen Sees ersparte den Bau eines Kanals und macht es möglich, dass sich auf der weiten Seefläche Schiffskonvois in entgegengesetzter Fahrtrichtung begegnen können, was die Transportleistung des gesamten Kanals erhöht. Wesentlich ist es aber auch, mitten im Verlauf des Kanals ein großes Wasserreservoir zu haben, mit dem man die täglichen Meeresspiegelschwankungen durch Ebbe und Flut ausgleichen kann, die vom Mittelmeer und vom Roten Meer in den Kanal hineinwirken.

*Freie Fahrt im Suezkanal.*

*Städtebauliches Gesamtkunstwerk in Marokko*

1   Sie heißt Straße von Gibraltar.
2   Bei der spanischen Exklave handelt es sich um Ceuta.
3   Gemeint sind die Herkulesgrotten. Man kann sie meeres- oder landseitig betreten. Sie wurden bereits von den Phöniziern genutzt und sind seit 1920 für die Öffentlichkeit zugänglich.

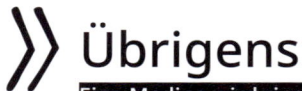

##》 Übrigens:

Eine Medina wird ringsherum durch eine Mauer zum Umland hin abgegrenzt. Durch prächtig gestaltete Stadttore gelangt man in sie hinein. Die Medina von Fes dürfen Touristen erst seit dem Jahre 1960 betreten.

4   Tetouan und Meknes werden durch die Nationalstraße 13 miteinander verbunden. Auch diese beiden Städte besitzen ebenso wie Marokkos Hauptstadt Marrakesch eine Medina, die von der UNESCO als Weltkulturerbe gelistet wird. Die Medina von Fes ist jedoch die größte unter ihnen. Außerdem wird sie – wie im ursprünglichen Sinne gedacht – zugleich im vollen Umfang noch als Wohngebiet genutzt.
5   Gesucht ist der Barrage el Wahda. Der Staudamm wurde 1996 errichtet, um den Fluss Ouerrha gleichmäßig über das Jahr hinweg zu regulieren, seine Wasserkraft zur Stromgewinnung zu nutzen und die Trinkwasserversorgung für die Menschen der Region sicherzustellen.
6   Das Gebirge trägt den Namen Rif.

7   Die Eisenbahnstrecke LGV Tanger–Kenitra (LGV steht für *ligne à grande vitesse*) ist der erste neu gebaute Abschnitt einer Hochgeschwindigkeitsstrecke, die mittelfristig Tanger durchgehend mit der Hauptstadt Marrakesch verbinden soll. Langfristig ist auch eine Verbindung zum spanischen Schienennetz geplant: mit dem Bau eines Tunnels unter der Straße von Gibraltar hindurch.
8   Archäologische Stätten sind an den drei kleinen Punkten zu erkennen, die wie die Eckpunkte eines Dreiecks angeordnet sind.

**1** 2012 wurde der Flughafen der Insel in Aeroporto International Cesária Évora umbenannt.

**2** Der automatische betriebene Leuchtturm steht auf einer dem Hafen vorgelagerten unbewohnten Insel.

**3** Mit seinen 750 Metern ist der Monte Verde der höchste Berg der Insel. Übersetzt bedeutet der Name Grüner Berg, und in der Tat ist es in dieser Höhe etwas weniger trocken als in Meeresnähe, weil sich gelegentlich Nebelwolken bilden, die dann etwas Feuchtigkeit an einige wenige hier oben verbreitete Pflanzenarten abgeben können.

**4** Sie steuern den Hafen Porto Novo an. Die Überfahrt dauert etwa 50 Minuten. Auf der Karte ist die Strecke als dunkelblau gestrichelte Linie zu erkennen.

**5** Auf Santo Antão sind mehrere Bergspitzen mit über 1000 Metern Höhe eingezeichnet. Somit (siehe Antwort auf Frage 3) sind die Berge dieser Insel eindeutig höher.

**6** Gesucht ist Ponta du Sol, ein kleiner Fischerort, der früher mal der einzige Hafen der Insel war, bevor Porto Novo diese Funktion übernahm.

**7** Der Praia Calheta Grande liegt an der Südseite von São Vicente.

**8** Mesa befindet sich nördlich von Porto Novo. Am Ende der weißen Straße beginnt der grau gezeichnete Wanderweg, der auf den Berg Pico da Cruz führt. Viele der Wanderrouten auf Santo Antão sind alte Verbindungswege zwischen den Dörfern, die – von den Bewohnern vor mehreren Jahrhunderten angelegt – auch heute genutzt und deswegen auch gut instandgehalten werden.

## Übrigens:

Cesária Évora verstarb 2011 in ihrer Heimatstadt Mindelo und wurde auf dem dortigen Friedhof begraben. Ein kleines Museum in der Rua Guerra Mendes erinnert heute an ihr Leben und ihr musikalisches Schaffen, das neben zahlreichen Live-Aufnahmen auch 13 Studioalben umfasst.

1   In der Karte sind sechs Länder zu er-
    kennen: ans Meer grenzend Ghana,
    Togo, Benin, Nigeria, nördlich angren-
    zend Burkina-Faso und Niger. (Nicht
    alle Länder sind namentlich erkenn-
    bar, aber das stört nicht beim Aus-
    zählen.)
2   Gesucht ist die Bucht von Benin (Bigth
    of Benin, Teil des Golfs von Guinea).
3   Das westlichste dieser drei Länder ist
    Togo.

*Markt in Port-Novo/Benin.*

4   Die Fotografin war in Benin unter-
    wegs: Kétou liegt etwas im Südosten
    des Landes, an der Grenze mit
    Nigeria.
5   Bei der Hauptstadt handelt es sich
    um Porto Novo, hervorgehoben
    durch den roten Punkt.

6   Gemeint ist der Name Sklavenküste
    im Golf von Guinea, ein historischer
    Name, der auf die Kolonialgeschichte
    hinweist: Hier kauften die damaligen
    Kolonialmächte Portugal, Spanien,
    Niederlande und England von Zwi-
    schenhändlern gefangen genomme-
    ne Einheimische und brachten sie mit
    Gewalt als Arbeitssklaven in ihre jewei-
    ligen Kolonien. Die Häfen in der Bucht
    von Benin waren zwischen dem 16.
    und 19. Jahrhundert wichtige Zentren
    des Sklavenhandels.
7   Im Norden gibt es auf der Höhe von
    Sansanné-Mango eine Stelle, die nur
    gut 40 Kilometer breit ist.

## » Übrigens:

Der in der Karte erkennbare
Volta-Stausee gilt als das größte,
vollständig von Menschen geschaffene Wasserreservoir der Welt.

1 Mit seinen 5895 Metern ist der Kilimandscharo der höchste Berg Afrikas und gehört damit zu den sogenannten Seven Summits, dem Septett der jeweils höchsten Berge der sieben Kontinente.

2 Der zweithöchste Gipfel heißt Mawenzi (5149 Meter), der dritthöchste Gipfel ist der Shira (3962 Meter).

3 Gesucht ist der Kilimanjaro International Airport. Der Flughafen westlich der Stadt Moshi ist vergleichsweise klein, durch und für den Bergtourismus aber bedeutsam.

4 Es handelt sich um den Mount Kilimanjaro National Park, zu erkennen an der grünen Strichelumrandung.

5 Ganz klar: eher 200 Kilometer. Mit Hilfe des Maßstablineals lässt sich nachrechnen, dass die einfache Strecke bis zum Fuß des Bergmassivs gut 200 Kilometer beträgt.

6 Die Luft ist in Same dünner. Luft dehnt sich mit steigender Höhe aus und hat somit auf Meereshöhe unter anderem mehr Sauerstoff pro Kubik-

meter als im Gebirge. Same liegt in den Bergen (erkennbar an der gelblichen Einfärbung; in der Nähe befindet sich ein Gipfel mit 1846 Metern), Ndia Ndasa im Flachland (erkennbar an der grünen Farbe der Karte; im Westen ist ein Berg mit 991 Metern eingezeichnet, im Osten ein Punkt mit 126 Metern). Schlägt man die Info nach, findet man die Antwort bestätigt: Ndia Ndasa liegt tatsächlich auf etwa 350 Metern Höhe und damit niedriger als Same.

7 Es handelt sich nicht um Flüsse im klassischen Sinne. Die Landschaft um die genannten Planquadrate gehört zu den besonders trockenen Regionen Afrikas. Wenn hier einmal Regen fällt, sammelt sich das Wasser in Rinnen und versickert beziehungsweise verdunstet dort gleich wieder.

*Wohl bald Geschichte: Schnee auf dem Kilimandscharo.*

1 Vom Sambesi abgeleitet ist der Name Sambia, den das Land seit seiner Unabhängigkeit 1964 von der britischen Krone trägt. Während der Kolonialzeit hieß es Nordrhodesien.

2 Insgesamt sind zwei Wasserfälle eingezeichnet. Neben den Victoria Falls sind es weiter flussabwärts die Moembo Falls.

3 Gesucht ist ein namentlich nicht benannter Punkt in der Chijalile Range mit 1280 Metern.

>> Übrigens:
**Während die Victoriafälle am Ende der Regenzeit zu den weltweit mächtigsten Wasserfällen anschwellen, ist der Fluss während der Trockenzeit vergleichsweise klein. Seit einigen Jahren plagen Dürren die Region, sodass mitunter kaum mehr als ein Rinnsal übrig bleibt, bis die Regenzeit erneut einsetzt.**

4 Es sind drei: Nantwich Camp, Robins Camp sowie Sinamatella Camp. Außerdem gibt es mehrere durch ein grünes Zelt markierte einfachere Campingplätze.

5 In der Region finden sich drei Flughäfen, zwei direkt an den Viktoriafällen, ein weiterer gut 50 Kilometer flussaufwärts.

6 Jeder der Flughäfen gehört zu einem anderen Land, das an den Sambesi angrenzt: Sambia, Simbabwe und – an einem ganz kleinen Landzipfel – Botswana. Alle drei Länder versuchen, auch mithilfe der Flughäfen ihr Stück des touristischen Kuchens abzubekommen.

7 Ziel dieser Fahrt ist das Sinamatella Camp im Hwange National Park. Gelegen in den Ausläufern der Kalahari, ist dies der größte Nationalpark in Simbabwe. Verschiedenste Tierarten leben hier, darunter neben Elefanten, Flusspferden und Zebras auch Geparden, Impalas und Afrikanische Wildhunde.

1. Gesucht ist die Nationalstraße 1 (N 1) mit den Beinamen Route du Littoral (Küstenstraße). Der nicht unumstrittene Neubau wird mit über 1,4 Milliarden Euro etwa das Zehnfache einer normalen Autobahn kosten. Auch verschiebt sich die Eröffnung der Straße wegen technischer Probleme immer wieder. Bei Redaktionsschluss war sie für Ende 2022 geplant.
2. Die Hauptstadt ist Saint-Denis mit etwa 140 000 Einwohnern.
3. Der Wanderweg Chemin des Anglais wurde bereits im 18. Jahrhundert angelegt und mit Steinquadern befestigt, um auch mit Fuhrwerken den jeweiligen Nachbarort erreichen zu können.

4. Es sind drei Wasserfälle: Cascade Chinois, Cascade Maniquet, Cascade du Chaudron.
5. Man erreicht Dos d'Ane nur über die Landstraße 1 (D1). Da das Dorf am Ende einer Talung liegt, gibt es keine andere Zufahrtsmöglichkeit.
6. Ja. In seinem Oberlauf ist der Fluss gestrichelt. Erst in seinem unteren Abschnitt, bevor er in den Rivière des Galets mündet, führt er stetig Wasser.

7. Nach Îlet-à-Malheures kommt man über den Sentier Scout (Pfadfinderweg), eine der schönsten Wanderstrecken innerhalb des Cirque de Mafate. Haupteinnahmequelle der Menschen dort ist der Wandertourismus. Notwendige Produkte des täglichen Bedarfs werden per Helikopter eingeflogen.
8. Höchster Berg auf der Karte ist der Gros Morne mit 3019 Metern.

*Nur schwer zugänglich – der Cirque de Mafate.*

1   Die gesuchten Nationalstraßen sind die N1, N4, N11, N12 sowie N14.
2   Dann befindet man sich im Marakele National Park. In dem Schutzgebiet leben viele Großwildarten und eine große Kolonie von Kapgeiern, eine stark gefährdete Greifvogelart.

3   Es liegt in (grob) nördlicher Richtung.
4   Tshwane nennt man die Metropolregion, in der knapp drei Millionen Menschen leben. Auch das Zentrum selbst, Pretoria, sollte mehrfach umbenannt werden, bisher trägt die Stadt mit etwa einer drei viertel Million Einwohnern jedoch den seit dem 19. Jahrhundert verwendeten afrikaansen Namen.
5   Es sind etwa 50 Kilometer.

6   Auf der Karte sind Teile von vier südafrikanischen Provinzen zu finden: Limpopo, Mpumalanga, North West sowie Gauteng. Erkennbar sind die vier grau hinterlegten Namen an rot markierten Strich-Punkt-Grenzlinien.
7   Viele dürften (neben dem Bus) mit dem Zug gekommen sein. In dem Kartenausschnitt erkennbar: Verbindungen existieren aus allen Himmelsrichtungen. Der Zug war auch in Südafrika ein jeher vergleichsweise günstiges Verkehrsmittel, wohingegen Autos in den 1950er-Jahren noch ein echtes Luxusgut darstellten, das sich nur wenige leisten konnten.
8   Der Großteil des Wassers fließt nach Norden ab; auch der Teil, der zunächst Richtung Osten die Berge verlässt, fließt früher oder später in den Mokolo, einen der wichtigsten Flüsse der Provinz Limpopo.

*Kapgeier auf einem Felsvorsprung.*

*An der amerikanisch-kanadischen Grenze*

1  Es sind zwei: Hemlock Ski Area und Manning Park Ski Resort.
2  Gesucht ist der 2446 Meter hohe American Border Peak. Der steile, brüchige Felsgipfel zeichnet sich nur etwa 300 Meter südlich der Grenze entfernt scharf gegen den Himmel ab. Sein Pendant auf kanadischer Seite, der Canadian Border Peak (2291 Meter), ist nicht in der Karte eingezeichnet.
3  Zunächst geht es durch den Carmanah Walbran Povincial Park.

4  Ja, das ist möglich. Mit der Fähre gelangt man auf mehreren Routen ans US-amerikanische Festland (unter anderem nach Port Angeles und Seattle).
5  Die von Point Roberts, einem isolierten US-amerikanischen Gebiet etwa 30 Kilometer südlich des kanadischen Vancouver. Point Roberts und sein Stadtteil Maple Beach liegen im Süden der Tsawwassen-Halbinsel. Auf knapp 13 Quadratkilometern, die – festgelegt durch den Oregon-Kompromiss – zum Bundesstaat Washington gehören, leben 1300 Einwohner. Wollen sie ihren Ort auf dem Landweg verlassen, reisen sie automatisch nach Kanada ein. Inklusive aller Grenzkontrollen. Einmal mehr, wenn sie weiter in den US-Bundesstaat Washington, beispielsweise nach Seattle, wollen.

6  Sie hat 3284 Höhenmeter vor sich. Der höchste Berg im Kartenausschnitt ist der Mount Baker, zugleich der dritthöchste Berg im Bundesstaat Washington. Am Strand von Maple Beach steht die Frau auf Meereshöhe und beginnt damit bei null Metern. Vermutlich wird sie die ersten Höhenmeter jedoch per Autofahrt hinter sich bringen, um näher an den Berg heranzukommen …
7  Nein, man könnte nicht mit dem Auto vorfahren. Gesucht sind die Tsusiat Falls an der Westküste von Vancouver Island. Den Wasserfall bekommt nur zu Gesicht, wer mehr als 20 Kilometer (einfache Richtung) auf dem in Frage 3 erwähnten West Coast Trail auf sich nimmt.

# # 35
## *Sounds of San Francisco*

1 Sie heißen Powell-Hyde-Line, Powell-Mason-Line und California-Line. 1964 wurden sie zum Nationaldenkmal der USA ernannt und dadurch vor ihrer Stilllegung bewahrt, denn die hohen Betriebskosten und ihr langsames Fahrtempo (15,3 Kilometer pro Stunde) machte sie im Laufe der Zeit immer unwirtschaftlicher.

2 Gesucht ist der Coit Tower.

3 Das Hafengebiet wird Fisherman's Wharf genannt. Es bietet neben zahlreichen Museen auch ein großes Aquarium und eine Sandbank, auf der oft Seehunde in der Sonne dösen.

4 Man nennt sie Chinatown. Die Gegend hat sich in den letzten Jahren zu einem Touristenmagnet entwickelt, für alle, die eine andersartige und ansonsten ferne Kultur erleben wollen. Sie wird von Süden her durch das berühmte Drachentor (Dragon's Gate) betreten.

5 Die gesuchte Lombard Street wäre tatsächlich zu steil verlaufen, weswegen man hier ausnahmsweise von einer geradlinigen Wegführung Abstand nahm.

6 Es ist der Highway 101, zu erkennen als Nummer mit dreizackiger Krone. Auf ihm kann man von der kanadischen Grenze aus entlang der Ostküste der USA bis nach Los Angeles fahren.

7 Dies ist ein Hinweis darauf, dass es im nördlichen Bereich der Stadt deutlich hügeliger ist.

8 Die Columbus Avenue verläuft genau zwischen den Hügeln Russian Hill und Telegraph Hill und bildet so eine steigungsarme, breite sowie zügig befahrbare Verbindung zwischen dem nördlichen Teil San Franciscos und dem Stadtzentrum in Nähe des Financial District.

## ⟫ Übrigens:

San Francisco trug ursprünglich den spanischen Namen Yerba Buena, bis man es 1847 zu Ehren einer dort ansässigen Missionsstation der Franziskaner auf den heutigen Namen umtaufte.

1. Wie man auf der Karte sehen kann, trägt er den Namen Fleuve Saint-Laurent.
2. Gesucht ist der Lac Saint-Pierre.
3. Der Fluss Richelieu verbindet den Lac Saint-Pierre mit dem Lake Champlain. Man könnte mit einem Boot sogar noch südlich des Kartenausschnittes weiter bis in den Hudson River bei New York fahren.

4. Es handelt sich um den Bundesstaat Vermont.
5. Östlich von Vermont befinden sich Ausläufer der Bundesstaaten New Hampshire und Maine.
6. In Vermont verläuft der Long Trail. Er ist 439 Kilometer lang und wurde 1930 fertiggestellt. Somit ist er einer der ältesten Weitwanderwege in den USA.

7. Der gesuchte Ort Asbestos ist genau das, was er beim Hören oder Lesen im Kopfkino auslöst: Ein Wohnort, in dessen Nachbarschaft das mittlerweile als gesundheitsschädlich eingestufte Mineral Chrysotil abgebaut wurde.

## Übrigens:

Der Indian Summer ist natürlich nicht nur in Kanada, sondern auch in den benachbarten Neuengland-staaten der USA zu bewundern. Dort herrschen ebenfalls ideale Wachstumsbedingungen für Ahornbäume. Unter diesen neigt der Zucker-Ahorn zu besonders kräftigen Verfärbungen im Herbst.

Dieses fasrige weiche Substrat wird auch als Asbest (lateinisch: das Unverbrennbare) bezeichnet. Die Mine wurde längst geschlossen, und heute heißt der Ort Val-de-Sources (Tal der Quellen).

8. Beide Städte befinden sich in der südöstlichen Ecke des Kartenausschnittes und liegen weniger als 50 Kilometer voneinander entfernt, wie ein Vergleich mit der Maßstabsleiste oben links auf der Karte zeigt. Berlin wurde 1829 in Erinnerung an die deutsche Stadt gegründet. Sein berühmtester Zögling ist Earl Silas Tupper, der mit seiner Ware aus Kunststoff noch heute Menschen dazu verleitet, privat bei Freunden Einkaufsgeschäfte zu tätigen.

*Die niederländischen Wurzeln von New York*

1  Ganz in der Nähe erstreckt sich der Battery Park. Die Niederländer errichteten hier eine Geschützstellung, um den Hafen vom damaligen Nieuw Amsterdam zu schützen.

2  Gesucht ist der Broadway. Er folgt in seinem Verlauf einem alten Pfad, den die dort ursprünglich lebenden Indigenen bereits lange vor dem Eintreffen der Europäer angelegt hatten.

3  Dann befindet man sich an der Wall Street, dem Finanzzentrum der USA mit der New Yorker Börse (New York Stock Exchange) und eben jener Straße, an der bis ins 18. Jahrhundert hinein die Stadt endete.

4  Gemeint ist die Brooklyn Bridge. Sie wurde von dem aus dem thüringischen Mühlhausen in die USA eingewanderten Ingenieur John Augustus Roebling geplant.

5  Ihre Namen lauten Chinatown und Little Italy. Während man in »Klein Italien« heute nur noch wenige Landsleute antrifft, ist weiter südlich die chinesische Kultur allgegenwärtig.

6  Man erreicht den Holland Tunnel, einen gebührenpflichtigen Autotunnel, der seit 1927 den Fluss Hudson unterquert und dadurch die Fahrzeiten nach New Jersey verkürzt. Er wurde nach seinem Chefingenieur Clifford Milburn Holland benannt.

7  Es gibt mehrere Stationen, wie zum Beispiel in der Spring Street, die den gleichen Namen besitzen. Man würde dann jeweils hinzufügen, an welcher Linie sich der ausgesuchte Bahnhof befindet.

8  Als direkte Verbindung bietet sich die Subway E an (Haltestelle Spring Street/Avenue of the Americas), die direkt am World Trade Center endet.

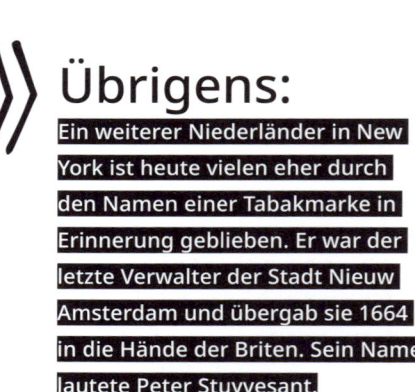

## Übrigens:

Ein weiterer Niederländer in New York ist heute vielen eher durch den Namen einer Tabakmarke in Erinnerung geblieben. Er war der letzte Verwalter der Stadt Nieuw Amsterdam und übergab sie 1664 in die Hände der Briten. Sein Name lautete Peter Stuyvesant.

*Bibliothekarinnen hoch zu Ross*

*Morgenstimmung auf den Hügeln von Kentucky.*

die Namen von Flüssen: Ohio River, Kentucky River und Tennessee River.

**1**  Er befindet sich zwischen Louisville im Westen und Lexington im Osten.

**2**  Die Bundesstaatengrenzen sind als rosarot unterlegte, gestrichelte Linie zu erkennen. Es lassen sich fünf der sieben angrenzenden Bundesstaaten ausmachen. Von Norden im Uhrzeigersinn: Ohio, West Virginia, Virginia, Tennessee und Indiana. Nicht zu sehen sind (im Westen) Missouri und Illinois.

**3**  Gesucht sind Glasgow, London und Manchester.

**4**  Gemeint ist Versailles – einmal westlich von Lexington, das andere Mal westlich von Cincinnati. In den USA gibt es noch eine Reihe weiterer Ortschaften namens Versailles, unter anderem in den Bundesstaaten Pennsylvania und Connecticut.

**5**  Dabei handelt es sich um Ohio, Kentucky und Tennessee. Alle drei sind auch

**6**  Grün markiert sind in touristisch genutzten Karten häufig landschaftlich besonders schöne Wegführungen, in den USA oft als *scenic route* oder *scenic drive* bezeichnet. Zumeist handelt es sich um weniger stark frequentierte Nebenstraßen.

**7**  Erhebungen und Berge sind als kleiner schwarzer Punkt oder mit einem schwarzen Dreieck eingezeichnet. Dazu werden Höhenangaben gemacht, allerdings reichen diese (in den Great Smoky Mountains) bis auf mehr als 6600 ... ja, richtig, keine Meter. Dann befänden wir uns in einem ausgewachsenen Hochgebirge, und Straßen und Wege müssten bei diesen Höhenunterschieden wesentlich stärker in Serpentinen verlaufen. Vielmehr stammt die Karte aus einem im Original englischsprachigen Reiseführer. Man hat die Höhenangaben aus dem angloamerikanischen Maßsystem beibehalten und die Höhe wird in *feet* angegeben. 1 *foot* entspricht 30,48 Zentimeter; 6600 *feet* sind also knapp über 2000 Meter.

# #39
*Lebenskonzepte in den Anden*

1   Gesucht ist die (E)35. Das E ist den großen Schnellstraßen Ecuadors auf Straßenplaketten oft vorangestellt, darüber der Name Ecuador.

2   Das Zeichen PAN AM verweist auf die Panamericana. Die E35 ist die große, zentral gelegene Nord-Süd-Route durch Ecuador und weitgehend Teil der Panamericana. Auf diesem Schnellstraßensystem lässt sich – mit nur kurzen Unterbrechungen – von Alaska bis Feuerland reisen.

3   Der Vulkan Ilaló ist 3185 Meter hoch. Quito selbst liegt nur wenig niedriger auf einer Höhe von 2850 Metern und ist somit die höchste Hauptstadt der Welt.

4   Der Namensgeber für den Nationalpark Cotopaxi (Parque Nacional Cotopaxi) ist der am häufigsten bestiegene Berg des Landes und damit auch einer der meistbesuchten Gipfel des südamerikanischen Kontinents.

5   Er heißt Chimborazo. An der Spitze des 6310 Meter hohen inaktiven Vulkans bilden sich Gletscher, aus deren Schmelze das Trinkwasser für die umgebende Region gewonnen wird.

6   Südlich von Quito ist das Oleoducto Trans-Ecuatoriano auszumachen, die Trans-Ecuadorianische Ölpipeline. Sie ist die älteste noch in Betrieb befindliche Ölpipeline des Landes und hat Schwachstellen, die immer wieder bersten, wodurch regelmäßig große Umweltschäden in sensibler Natur eintreten.

7   Sie führen in die Nähe des Äquators. Sowohl der Name Quito als auch der Name Ecuador beziehen sich auf ihn. Quito ist nur etwa 25 Kilometer Luftlinie von dieser Linie entfernt, die die Erde in Nord- und Südhalbkugel teilt.

## ⟫ Übrigens:

In Südamerika gibt es nur in Ecuador feste, natürliche Orientierungspunkte, an denen sich in Vor-GPS-Zeiten der Verlauf des Äquators feststellen ließ: die Gipfel der Anden. Ansonsten verläuft er durch sich ständig verändernde Regenwaldgebiete.

*Europäische Raumfahrt in Französisch-Guyana*

1 Er heißt Kourou.
2 Das sind die Länder Surinam und Guyana. Beide sind im Gegensatz zu Französisch-Guyana eigenständige Staaten.
3 Macapa liegt ganz knapp nördlich des Äquators und damit auf der Nordhalbkugel der Erde.

4 Die Maßstabsleiste mit der Entfernung von 300 Kilometern könnte man zwischen Manaus und Macapa mehr als dreimal hintereinanderlegen. Somit beträgt die Entfernung circa 1000 Kilometer, was in Europa in etwa der Luftlinie von Paris über Berlin bis nach Stettin entspricht.
5 Gesucht ist der Rio Negro (Schwarzer Fluss). Sein Name rührt von seiner Farbe her, was man sogar auf Luft- und Satellitenbildern gut erkennen kann. Das Wasser ist zwar durchsichtig, besitzt aber einen hohen Anteil an Humin- und Fulvosäuren. Der Rio Negro transportiert übrigens etwa zwölfmal so viel Wasser wie der Rhein.
6 Sie trägt die Nummer BR230.

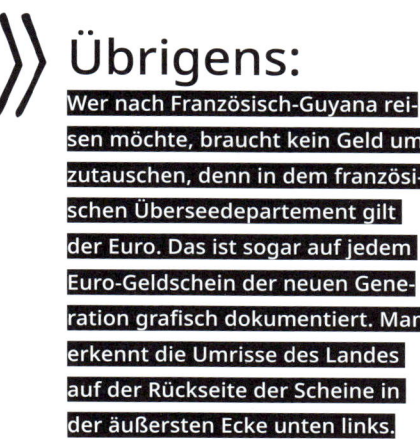

## Übrigens:

Wer nach Französisch-Guyana reisen möchte, braucht kein Geld umzutauschen, denn in dem französischen Überseedepartement gilt der Euro. Das ist sogar auf jedem Euro-Geldschein der neuen Generation grafisch dokumentiert. Man erkennt die Umrisse des Landes auf der Rückseite der Scheine in der äußersten Ecke unten links.

7 Ihr Name lautet Brasilia. Sie hat diesen Titel erst 1956 von Rio de Janeiro übernommen und wurde dafür neu in einem zuvor kaum bewohnten Gebiet errichtet. Ziel war es, die neue Hauptstadt an eine möglichst geografisch zentrale Stelle im Staat zu verlegen und dabei das Binnenland Brasiliens weiterzuentwickeln.
8 Auf der Karte ist zu erkennen, dass Macapa keine leistungsfähige Straßenanbindung in südlicher Richtung besitzt. Das breite Delta des Rio Amazonas mit seinen Schwemmlandinseln lässt hier keinen Bau zu, weswegen Schiffs- und Flugverbindungen für die Versorgung der Stadt an Bedeutung gewinnen.

*Erztransport in der Kupfermine Chuquicamata.*

1 Gesucht ist die Stadt Antofagasta mit ihren etwa 350 000 Einwohnern.

2 Dort befindet sich die Mine Lomas Bajas, in der Kupfer gefördert wird. Chile deckt etwa 40 Prozent des weltweiten Kupferbedarfs. Ähnlich hoch ist die Förderleistung beim Element Lithium, das in den Akkus der Smartphones, Laptops und E-Autos Verwendung findet.

3 Die Stadt heißt Oficina Chacabuco – ihre Einwohnerzahl beträgt übrigens 0 Personen. Es handelt sich um eine Geisterstadt, deren einstige 5000 Bewohnerinnen und Bewohner sie vor Jahrzehnten verlassen haben, weil wegen der Erfindung des Kunstdüngers die umliegenden Minen zur Förderung von Salpeter geschlossen wurden und damit die Erwerbsgrundlage der ansässigen Bevölkerung verschwand.

4 Sie treffen sich nahe der Stadt Calama. Nördlich von ihr sind in die Karte Bergbaustätten eingezeichnet. Hier befindet sich die größte Kupfermine der Welt.

5 Man befindet sich dann 3432 Meter über dem Meeresspiegel. (Zum Vergleich: Die Zugspitze in Deutschland ist 2962 Meter hoch.)

6 Er trägt den Namen Salar de Atacama und liegt in einer Mulde. Darin sammelt sich sehr sporadisch Regenwasser, das von den Bächen der umgebenden Gebirge hierher transportiert wird. Das Wasser kann nicht weiter abfließen und verdunstet sehr rasch. Zurück bleiben die im Wasser gelösten Salze, die die ganze Landschaft mit einer weißen Kruste überziehen.

7 Er heißt Volcán Licancábur, ein ehemaliger Vulkan mit idealtypischer Kegelform.

8 Gesucht ist der Pular mit 6225 Metern, ebenfalls ein ehemaliger Vulkan.

1  Es ist die Autopista Buenos Aires–La Plata.

2  Im Osten der Stadt liegen vier etwa gleich große Hafenbecken.

3  Gesucht ist die im Vergleich kleine Puente De la Mujer (Frauenbrücke). Entworfen hat die 170 Meter lange Brücke der spanisch-schweizerische Architekt Santiago Calatrava. Zwar nutzt die Berufsschifffahrt die Hafenbecken nicht mehr, doch sie müssen befahrbar bleiben. Deshalb ist die Puente De la Mujer als Drehbrücke ausgeführt, die sich um 90 Grad verschwenken lässt.

4  Es sind Mexiko (hier: México) und Venezuela, sowie im rechten Winkel dazu Peru (hier: Péru). Wer sich mit spanischen Ländernamen auskennt, entdeckt südlich von Chile auch noch die USA (hier: Estados Unidos).

5  In San Telmo, einem architektonisch stark durch Altbauten aus dem 19. Jahrhundert geprägten Stadtteil, der heute zunehmend touristisch ist. Westlich schließt sich Monserrat an.

 ## Übrigens:

Die Straßenblöcke, die eine von Straßen umgebene Insel bilden, heißen in Argentinien häufig *manzana* (Apfel). Diese Bezeichnung findet sich auch in anderen spanischsprachen Ländern. Im Spanischen wird der Begriff bereits im frühen 17. Jahrhunderts verwendet. Ein (noch) älterer Begriff, um solch einen Häuserblock zu beschreiben, war *isla* (Insel).

6  Darauf weist das Museo de la Immigración hin, das nationale argentinische Einwanderungsmuseum am Hafen. Es thematisiert Fragen der Reise, Ankunft und Integration der Menschen, die aus Europa, Asien und Afrika, aber auch aus südamerikanischen Ländern nach Argentinien kamen.

7  Es geht zum Teatro Avenida.

1 Die Landschaft nördlich der Magellanstraße wird Patagonien genannt, die
südlich gelegene trägt die Bezeichnung Feuerland (Tierra del Fuego).
Letztere benannte Magellan so, weil
er bei der Durchfahrt des Nachts eine
Vielzahl von Feuerstellen der dort
lebenden indigenen Volksgruppen
beobachtet hatte.

2 Sie heißt Punta Arenas.

3 Gesucht sind die Falklandinseln. Sie
gehören zu Großbritannien, obwohl
auch Argentinien wegen der geografischen Lage Besitzansprüche auf sie
erhebt.

# Übrigens:

Nur 18 Mann der ganzen Besatzung erreichten 1522 wieder Spanien und galten fortan als erste
Weltumsegler. Ein Schiff war während der Expedition zerschellt,
und zwei Besatzungen desertier-
ten samt ihrer Schiffe. Magellan
selbst starb unterwegs bei Kämpfen mit indigenen Volksgruppen
auf den Philippinen.

4 Es sind die Staaten Chile, Argentinien
und Uruguay mit ihren Hauptstädten
Santiago de Chile, Buenos Aires und
Montevideo.

5 Die Magellanstraße befindet sich heute auf chilenischem Territorium.

6 Nein. Kap Hoorn liegt auf der südlichsten einer ganzen Gruppe von
Inseln. Der Name schreibt sich mit
zwei »o« in Erinnerung an die aus
der holländischen Stadt Hoorn stam-
menden Seefahrer, die dieses Kap
im Jahre 1616 zum ersten Mal um-
rundeten.

7 Die Route rund um Kap Hoorn gehört
wegen der starken Westwinde und
der rauen See zu den gefürchtetsten
Schiffspassagen der Welt, während
die Magellanstraße aufgrund der umgebenden Berge etwas mehr Schutz
vor Stürmen bietet und zudem die
Fahrstrecke ein wenig abkürzt.

8 Magellan hat das Wasser in der Bucht
probiert. Sobald statt Salzwasser das
von Flüssen eingetragene Süßwasser
zu schmecken war, gab er den Befehl
zur Umkehr, da es sich dort nicht um
eine Meeresstraße handeln konnte.

1. Man erkennt an der römischen Ziffer III, dass sie zwei Vorgängerinnen hatte. Die aktuelle Station ist auf Stelzen errichtet, die den gesamten Gebäudekomplex rechtzeitig weiter nach oben drücken, bevor neu abgelagerte Schneeschichten ihn zu überdecken beginnen.

2. Es ist die amerikanische Forschungsstation Amundsen-Scott. Der Name erinnert an die beiden Personen, die sich 1911 ein Wettrennen lieferten, wer als erster Mensch den Südpol erreicht.

3. Gesucht ist der Pole of Relative Inaccessibility (Pol der relativen Unerreichbarkeit). Sein Name weist darauf hin, dass keine andere Stelle auf dem Kontinent weiter vom Meer entfernt liegt.

*Der Forschungseisbrecher Polarstern versorgt die deutsche Antarktis-Station.*

4. Ganzjährig bewohnte Stationen haben ein schwarz ausgefülltes Quadrat, unbemannte dagegen ein leeres. Halb gefüllte Ecken bedeuten: nur im Sommer bewohnt.

5. Der 85. Breitengrad ist erkennbar kürzer.

6. Sie sind damit durch Versorgungsschiffe besser erreichbar.

7. Da der Südpol mitten in der Antarktis liegt, sind alle Randbereiche der Antarktis rundherum automatisch in nördlicher Richtung gelegen.

8. Die Luftlinie zwischen Georg von Neumayer und Novolazarevskaja beträgt auf der Karte etwa 5,5 Zentimeter. Gemäß dem Maßstab entspricht ein Zentimeter auf der Karte genau 13,5 Millionen Zentimeter – also 135 Kilometer – in der Natur. Beide Stationen lagen demnach etwa 742 Kilometer voneinander entfernt. Die Forscher hätte sich expeditionsartig durch Schnee und Eis kämpfen müssen, wozu beide Teams weder technisch ausgerüstet noch zeitlich in der Lage gewesen wären.

# #Impressum

**KONZEPT** Monique Sorban

**COVER-/BUCHGESTALTUNG & ILLUSTRATIONEN** Carolin Weidemann, Köln, www.weidemann-design.com

**LEKTORAT** Meike Diekmann, Verlagsbüro Wais & Partner, Stuttgart, www.wais-und-partner.de

**PROJEKTMANAGEMENT & BILDREDAKTION** Wolfram Schwieder

**FOTOS** Alfred-Wegener-Institut, Bremerhaven: S. 229 (Folke Mehrtens CC-BY 4.0); 181 (Stefan Christmann CC-BY 4.0); Huber-Images, Garmisch-Partenkirchen: S. 153 (Susanne Kremer); iStock.com, Calgary (CA): S. 145 (tobiasjo); laif, Köln: S. 109 (UPI/Suez Canal Authority); Shutterstock.com, Amsterdam (NL): S. 73 (Alessandro Lucca); 113 (Alessio Catelli); 45 (Alexey Stiop); 165 (amskad); 214 (Anton_Ivanov); 89 (aquapix); 33 (Artur Bociarski); 133 (Aymeric Bein); 81 (Bastian AS); 137 (Burhan Ay Photography); 13 (Carl Allen); 21 (ChrisNoe); 121 (Cora Unk Photo); 207 (crbellette); 49 (Curioso.Photography); 211 (Dipix); 218 (eClick); 173 (El Greco 1973); 17 (Elke Kohler); 41 (Eric Isselee); 61 (FenlioQ); 169 (Framalicious); 9 (Henner Damke); 77 (Hit1912); 53 (ilikesea); 223 (Kelly vanDellen); 125 (khanbm52); 205 (kwest); 85 (Lauren Cameo); 190 (longtaildog); 97 (Luke Cartledge); 105 (Martin Valigursky); 141 (Max Lindenthaler); 29 (Mia Stalnacke); 65 (MikeDotta); 177 (MLKtoSCL); 196 (Moehring); 202 (monticello); 226 (NICOLA MESSANA PHOTOS); 198 (Ondrej Prosicky); 217 (orxy); 149 (Pascal Guay); 184 (paul prescott); 93 (Peter Gudella); 57 (Pises Tungittipokai); 192 (Rasto SK); 25 (RUBEN M RAMOS); 161 (Ruslana Iurchenko); 117 (Samuel Borges Photography); 69 (Sergey-73); 194 (Simeonn); 6 (soft_light); 37 (Tomasz Wozniak); 215 (TristanBalme); 101 (Veronika Hanzlikova); 129 (Yana Zubkova); 157 (Zack Frank)

**KARTOGRAFIE** ©DuMont Reiseverlag Ostfildern

FSC www.fsc.org — MIX Paper from responsible sources FSC® C139602

Printed in Poland

1. Auflage 2022
© 2022 DuMont Reiseverlag, Ostfildern
**ISBN 978-3-616-03162-0**

www.dumontreise.de

## Über die
# #Autoren

## NADINE ORMO

Schon im Heimatkundeunterricht begeisterte sich Nadine für Landkarten. Von ihrer Faszination, in Karten zu schauen, ist bis heute nichts verloren gegangen. Vor allem während Bergwanderungen genießt sie es, abends die Papierkarte auf dem Tisch auszubreiten, um sodann mit Augen und Fingern Wegen und Flüssen zu folgen, Bergketten und Hochflächen in Gedanken weiter zu erkunden. Die Wahl-Münchnerin ist als Texterin und Autorin selbstständig und hört beruflich wie privat gerne auf die leiseren Töne des Lebens.

## MICHAEL LAUFERSWEILER

Ginge es darum, ein Buch auszuwählen, mit dem er eine längere Zeit auf einer einsamen Insel verbringen könnte, dann würde Michael Laufersweiler einen Weltatlas mitnehmen. Der gebürtige Rheinländer ist als freiberuflich tätiger Geograf schon viel auf der Welt herumgekommen und liebt es, dabei gerade die Regionen zu erkunden, die nicht unbedingt auf den Top-10-Seiten aller Reiseführer gelistet sind. Michael mag weite Horizonte und so findet man ihn während seines Urlaubs meist in Orten am Meer oder auf Inseln im Meer.

# #Wie schreibt man eigentlich ...
## ... fremdsprachige Namen auf Landkarten?

Grundsätzlich gilt: So wie Städte und Staaten ihren eigenen Namen festlegen, so erscheint er auf Karten. Eine Ausnahme bilden Exonyme. Das sind in anderen Ländern gebräuchliche Namensbezeichnungen, die von denen des Herkunftslandes deutlich abweichen. Oft ist das historisch begründet. Sie entstanden zu einer Zeit, als man vergleichsweise wenig um richtige Aussprache oder gar Schreibung bemüht war. Weil es einfacher auszusprechen war, wurde die italienische Stadt Milano auf diese Weise im Deutschen zu Mailand. Oder der Staat Nederland wurde wortwörtlich übersetzt zu Niederlande.

Richtig spannend wird es allerdings, wenn der Name aus Sprachen kommt, die ein anderes als das lateinische Alphabet verwenden. Beispielsweise schreibt sich die nördlichste der vier großen Inseln Japans in der Landessprache 北海道 und die Hauptstadt des Staates Oman مسقط. In Griechenland können einem wiederum Linienbusse begegnen, die das Fahrziel Θεσσαλονίκη anzeigen.

In solchen Fällen wird der Name so in lateinischen Buchstaben geschrieben, wie er im Original ausgesprochen wird. Die japanische Insel hört sich gesprochen an wie Hokkaido, der Ort in Griechenland klingt wie Thessaloniki. Der Name der Stadt im Oman zeigt die Klippen, die es zu umschiffen gilt. Den arabisch ausgesprochenen Begriff schreibt man im Deutschen Maskat, im Englischen dagegen Muscat. Wie theoretisch welcher Laut eines anderen Alphabetes in lateinische Buchstaben umgeschrieben wird oder werden könnte, dazu gibt es Literatur, die ganze Bibliotheken füllt.

In der Praxis geht man mit dem Thema oft pragmatisch um. Da die in diesem Buch abgedruckten Landkarten größtenteils Reiseführern beiliegen, steht bei ihnen im Vordergrund, dass sich die Lesenden gut zurechtfinden. Thessaloniki etwa würde man sicherlich in beiden Schreibweisen auf der Karte finden – die eine, um den Namen selbst korrekt aussprechen zu können, die andere, um ihn zum Beispiel auch am Bus lesen zu können.